다가올 금융위기를 대비하는 원칙

BIG
DEBT
CRISES

RAY DALIO

레이 달리오의
금융위기 템플릿

레이 달리오의 금융 위기 템플릿 파트 1

초판 1쇄 발행 2020년 2월 24일
초판 9쇄 발행 2023년 7월 17일

지은이 레이 달리오
옮긴이 송이루, 이종호, 임경은

펴낸이 조기흠
책임편집 유소영 / **기획편집** 박의성, 이지은, 유지윤, 전세정
마케팅 정재훈, 박태규, 김선영, 홍태형, 임은희, 김예인 / **디자인** 박정현 / **제작** 박성우, 김정우

펴낸곳 한빛비즈 (주) / **주소** 서울시 서대문구 연희로2길 62 4층
전화 (영업)02-325-5508 **(기획)**02-325-5506 / **팩스** 02-326-1566
등록 2008년 1월 14일 제25100-2017-000062호

ISBN 979-11-5784-388-6 14320

이 책에 대한 의견이나 오탈자 및 잘못된 내용에 대한 수정 정보는 한빛비즈의 홈페이지나
이메일(hanbitbiz@hanbit.co.kr)로 알려주십시오. 잘못된 책은 구입하신 서점에서 교환해드립니다.
책값은 뒤표지에 표시되어 있습니다.

⌂ hanbitbiz.com **f** facebook.com/hanbitbiz **N** post.naver.com/hanbit_biz
▶ youtube.com/한빛비즈 **◎** instagram.com/hanbitbiz

지금 하지 않으면 할 수 없는 일이 있습니다.
책으로 펴내고 싶은 아이디어나 원고를 메일(hanbitbiz@hanbit.co.kr)로 보내주세요.
한빛비즈는 여러분의 소중한 경험과 지식을 기다리고 있습니다.

이 도서는 3권 세트로만 판매되는 도서입니다.

다가올 금융 위기를 대비하는 원칙

BIG
DEBT
CRISES

RAY DALIO

레이 달리오의
금융 위기 템플릿

레이 달리오 지음 | 송이루, 이종호, 임경은 옮김

파트 1 : 대형 금융 위기를 이해하는 기본 템플릿

한빛비즈
Hanbit Biz, Inc.

일러두기
이 책의 한국어판 번역은 레이 달리오와 브리지워터 어소시에이츠의 검수를 마쳤습니다.

감 사 의 글

시장에 대한 이해와 원리를 도출하고 검증하는 나의 탐구 여정에 동참해주었고, 앞으로도 동참을 마다하지 않을 브리지워터 직원들에게 진심으로 감사의 말을 전한다. 이들과 함께 인연을 맺고, 이해와 원리를 도출하는 의미 있는 작업까지 함께하면서 인식이 풍요로워지는 축복을 누릴 수 있었다.

내 훌륭한 동료들은 다음과 같다. 밥 프린스, 그레그 젠슨, 댄 번스타인은 나와 수십여 년간 함께 일해왔으며, 현재 투자 연구팀(특히 스티븐 크라이거, 가드너 데이비스, 빌 롱필드, 앤서 카지, 대니 뉴먼, 마이클 사바레즈, 엘레나 곤살레스 말로이)과 이전 연구원들(특히 브라이언 골드, 클로드 아마데오, 밥 엘리엇, 마크 디너, 브랜던 롤리, 제이슨 로저스)을 비롯하여 많은 사람이 수년간 연구에 동참해왔다. 제이슨 로텐버그, 노아 예히엘리, 래리 코프스키, 램센 베트파하드, 캐런 카니올-탐부르, 케빈 브레넌, 케리 레일리, 제이콥 클라인, 에이브람 시디로풀로스, 애밋 스리바스타바 등 브리지워터 연구소의 리더들에게 감사를 드린다. 안타깝게도 작년에 생을 마감한, 소중한 동료 브루스 스타인버그에게도 감사의 마음을 전한다.

서 론

2008년에 발생했던 금융 위기 10주년을 맞아, 나는 투자자로서 금융 위기에 대처하는 관점을 알려주기 위해 이 책을 쓰고 있다. 당시 투자자로서 무사히 위기를 헤쳐 나갈 수 있었던 것은 템플릿을 미리 개발해두었기 때문이었다. 이 템플릿은 각종 부채 위기가 어떤 양상으로 전개되는지를 이해하기 위해 개발된 것이었다. 앞으로 부채 위기가 발생할 가능성이 낮아지고, 위기가 발생하더라도 적절히 관리할 수 있기를 바라는 마음에서 나는 지금 이 템플릿을 공유하려 한다.

투자자인 나는 시장을 통해 표출되는 경제적 변화에 돈을 투자한다는 점에서 경제학자나 정책 입안자와는 다른 관점으로 시장을 본다. 그 덕에 자본 움직임의 원동력이 되는 상대적 가치나 흐름 같은 것들에 집중할 수 있다. 결국 상대적 가치나 시장의 흐름이 원인이 되어 자본의 움직임이 발생하는 것처럼 어떤 원인이 어떤 결과를 낳는 과정에서 사이클은 만들어진다. 금융 위기를 헤쳐 나가는 과정에서 깨달은 것은 경제학 교과서에는 나오지 않는 실질적인 경제적 지식을 제공하는 데 글로벌 투자자로서의 경험이 중요하다는 사실이다. 글로벌 투자자들은 경제적 변화에 돈을 투자하므로 그 결과에 따라 천당과 지옥을 오가는 경험을 하기 때문이다.

이전에 경험해본 적 없는 위기를 반복해서 경험하게 되면서, 직접 겪어본 금융 위기만이 아니라 역사적으로 중요한 의미를 지니는 금융 위기 사례들을 가상으로라도 간접 경험해보자는 데까지 생각이 미쳤다. 그러자 금융 위기 사례들은 마치 내가 당시의 투자자가 되어 실제로 경험하고 있는 것처럼 느껴진다. 그렇게 하다 보니 그 순간이 되어서야 무슨 일이 벌어지는지 정도만 알고 있는 것으로 가정하여, 내가 당시 투자자였다면 어떤 결정을 했을지 생각해보고 투자 결정을 내려야 했다. 예전 위기 사례를 연대순으로 매우 상세히 연구하고 그 사례들을 일 단위 또는 월 단위로 겪어보는 방식으로 투자 결정을 해보았다. 이렇게 해본 덕에, 내 시야가 직접 경험에 의존해 형성되었던 것보다 더 넓고 더 깊어졌음을 알게 되었다. 1966~1971년 글로벌 통화체제 '브레튼 우즈Bretton Woods'의 쇠퇴와 붕괴, 1970년대 인플레이션/버블과 1978~1982년 버블 붕괴, 1980년대 라틴아메

리카의 인플레이션형 불황, 1980년대 말 일본 경제 버블과 1988~1991년 버블 붕괴, 2000년 '닷컴 버블' 붕괴로 이어진 글로벌 부채 버블, 2008년에 일어난 대규모 디레버리징Great Deleveraging(디레버리징은 부채 축소를 의미한다.)은 내가 직접 경험해본 금융 위기 사례들이다. 5세기 로마 제국의 붕괴, 1789년 미국의 채무 재조정Debt restructuring, 1920년대 독일 바이마르 공화국, 1930~1945년에 많은 국가를 집어삼킨 세계 대공황Great Depression 과 전쟁 등은 역사 연구를 통해 가상으로 간접 경험해본 금융 위기 사례들이다.

궁금하기도 했고, 미래에 다시 금융 위기가 닥쳤을 때 살아남기 위해서는 금융 위기가 어떤 양상으로 전개되는지 알아야 했다. 그래서 금융 위기 이면에 숨겨진 인과관계를 알아내려 노력했다. 경기순환과 디레버리징을 비롯하여 다양한 유형별 경제 현상을 살펴보고 각각의 평균을 구한 결과, 유형별 인과관계를 시각적으로 그려내 분석할 수 있었다. 더 나아가 전형적인 경기순환과 대형 부채 사이클, 전형적인 디플레이션 유발형 디레버리징과 인플레이션 유발형 디레버리징 등 다양한 유형의 위기를 이해할 수 있는 모형과 템플릿을 개발하기에 이르렀다. 그 후 전형적인 경기 사이클과 각각의 경기 사이클을 비교하고 유형별 차이점을 들여다보니 무엇이 그러한 차이를 만들었는지 파악할 수 있었다. 이와 같은 템플릿을 서로 연결함으로써 위기를 유형별로 단순화하여 심층적으로 이해할 수 있었다. 노련한 의사는 환자의 증상이 저마다 달라도 특정한 질병의 '또 다른 형태'임을 알아차리기 마련이다. 나 역시 위기에 나타나는 각각의 수많은 요소를 점차 몇 가지로 단순화하여 바라보게 되었다.

나는 브리지워터 어소시에이츠Bridgewater Associates에 소속된 훌륭한 파트너들의 도움을 받아 연구를 진행하고 위기 템플릿을 개발할 수 있었다. 100년에 걸쳐 일어난 홍수와 역병을 연구한 사람이 앞으로 일어날 재해를 더욱 수월하게 예측하고 대비할 수 있듯이, 우리도 마찬가지로 이 템플릿을 이용하여 전에 없던 폭풍에 철저히 대비할 수 있었다. 지난 경험을 바탕으로 우리는 발생할 수 있는 거의 모든 상황에 대응할 방법을 상세하게 제시하는 컴퓨터 의사결정 체계를 구축해냈다. 이러한 접근 방식은 위기에 대처하는 데 큰 도움이 되었다. 한 예로 2008년 금융 위기가 발생하기 8년 전에 우리는 '불황지수depression gauge'를 만들어냈다. 불황지수는 1929~1932년 이후로 한동안 발생하지 않았던 대형 위기에 대처하도록 설계되었다. 2007~2008년 위기가 그러했다. 당시 다른 펀드들은 대체로 형편없는 성과를 냈지만, 브리지워터는 불황지수 덕분에 꽤 좋은 성과를 낼 수 있었다.

여기서는 브리지워터의 의사결정 구조를 자세히 다루지는 않을 것이다. 대신 다음과 같은 내용을 공유하고자 한다. 첫째, '전형적인 대형 부채 사이클'을 이해할 기본 템플릿을 소개한다. 둘째, '대침체Great Recession'가 발생한 2007~2011년의 미국, 디플레이션형 불황을 겪은 1928~1937년의 미국, 인플레이션형 불황을 경험한 1918~1924년의 독일 등 '세 가지 상징적인 사례 연구'를 자세히 살펴본다. 셋째, 지난 100년간 일어난 대형 부채 위기 대부분을 포함한 '48가지 사례 연구'를 상세하게 분석한다.• 이 세 가지 관점을 이해하려 노력한다면 이전과 분명히 다른 시각에서 대형 부채 위기를 바라보게 될 것이다.

경제와 시장을 매일 주시하는 것은 서서히 거세지는 눈보라처럼 나를 향해 쏟아지는 수백만 개의 정보 조각들을 적절히 종합하여 반응하는 일과 같다. 템플릿을 제시하는 등 부채 위기 총론적 성격을 띠는 파트 1, 부채 위기 각론에 해당하는 파트 2, 48가지의 금융 위기 사례를 도표화하여 분석한 파트 3을 비교해본다면 내가 종합적으로 상황을 관찰하는 일을 눈보라 속에 서 있는 것에 비유한 이유를 이해할 수 있을 것이다. 그러면 모든 금융 위기 사례가 전형적인 사례로 제시한 것과 본질적으로 같은 형태로 일어나면서도 저마다 차이를 보인다

• 파트 3 초반부는 경제 용어 설명을 담고 있다. 본 연구에 등장하는 개념을 전반적으로 이해하는 데 도움이 될 만한 영상으로 30분짜리 애니메이션《경제 기계의 작동 원리How the Economic Machine Works》를 추천한다. 이코노믹 프린서플 웹사이트(www.economicprinciples.org)에서 시청할 수 있다.

는 점에 주목하게 될 것이다. 이러한 차이가 존재하는 이유와 그 차이를 설명할 방법을 고민하는 과정에서 이해의 폭도 넓어질 것이다. 이로써 다음 위기가 닥쳤을 때 더욱 적절하게 대처할 수 있을 것이다.

사람들은 저마다 다른 견해를 가질 수 있다. 내 의견은 그중 하나에 불과하다는 점을 분명히 밝힌다. 우리 역시 다른 의견을 제시하고 토론하는 과정에서 이해의 폭을 한층 넓힐 수 있다. 바로 이를 위해 내가 연구한 내용을 공유하고자 한다.

차 례

전형적인 대형
부채 사이클

대형 금융 위기를 이해하는 기본 템플릿

신용과 부채

앞으로 많이 등장할 '신용credit'과 '부채debt'란 용어를 정의하고, 그 작동 메커니즘을 알아보는 것으로 이 책을 시작하고자 한다.

신용이란 구매력을 제공하는 것이다. 구매력을 제공하는 대신, 그 대가로 나중에 상환하겠다는 약속을 받게 되는데, 이 약속이 부채다. 신용을 통해 구매력을 제공하는 행위는 그 자체로는 올바른 일임이 분명하다. 그러므로 구매력을 제공하지 않아 효과적인 일들을 못 하게 막는다면 이는 올바르지 않은 일일 수도 있다. 예를 들어, 개발 사업에 배정된 신용 규모가 매우 작다면 그 사업은 유명무실하게 될 것이다. 이는 올바르지 않은 일이다. 상환 능력이 없을 때 부채는 문제를 일으킨다. 즉 신용과 부채의 급격한 증가가 바람직한지 그렇지 않은지의 문제는 신용으로 인해 나중에 발생할 후유증과 부채 상환의 적절성(예: 부채에 대한 원금과 이자가 제대로 상환되는지의 여부)에 따라 결정된다.

대체로 상환 의무를 지는 사람은 많은 부채를 탐탁지 않게 생각한다. 나 또한 그렇기에 그런 마음을 충분히 이해한다.• 이제까지 살아오면서 돈이 없을 때도 빚을 지기보다는 저축하는 것을 더 선호했다. 이런 성향은 아버지로부터 물려받은 것인데, 빚이 장점보다 단점이 더 많다고 생각하기 때문이다. 빚은 많이 지는 것보다 적게 지는 게 낫다고 생각하는 사람을 보면 동질감을 느낀다. 하지만 시간이 지나면서 이 말이 반드시 맞는 건 아니라는 사실을 알게 되었다. 사회 정책을 만드는 정책 입안자들은 개인에게는 없는 통제권을 가지고 있기 때문이다. 경험과 연구를 통해 신용과 부채의 성장이 지나치게 더디면 지나치게 클 때와 마찬가지로 부정적인,

---

• 나는 빚을 상당히 꺼리는 편이라서 어떤 형태의 빚도 져본 적이 없다. 일생 처음으로 집을 살 때조차 빚을 지지 않았다. 브리지워터를 창업할 때도 그랬다. 지금도 여전히 열심히 저축하고 있다.

때에 따라서는 기회비용의 형태로 비용을 발생시킨다는 점에서 더 부정적인 경제 문제를 일으키게 된다는 사실도 알게 되었다.

신용은 구매력뿐 아니라 채무도 창출하기 때문에 신용의 확대가 바람직한가, 그렇지 않은가의 문제가 제기될 수 있다. 일반적으로 이 문제는 부채가 생산적인 일에 사용되어 부채를 상환하기에 충분한 수익이 창출되느냐의 여부에 달려 있다. 수익이 충분히 창출된다면 채권자와 채무자 모두에게 자신의 몫 이상이 돌아가고, 양쪽 모두에게 경제적으로 이득이 될 것이다. 그렇지 않다면 채권자와 채무자 모두 만족할 수 없게 될 것이고, 양쪽 모두 자신의 몫을 챙기지 못하게 될 가능성이 크다.

이를 사회 전체의 관점에서 평가해보면 일차적이고 직접적인 경제 효과뿐만 아니라, 이차적이고 간접적인 경제 효과도 고려해야 한다. 예를 들어 설명해보자. 효율성이 떨어지는 인프라를 교체하는 사업이나 아이들에게 양질의 교육 서비스를 제공하는 사업은 분명히 비용 대비 효과가 크다. 양질의 교육 서비스는 범죄를 줄이고, 범죄인 교정을 위해 투입되는 비용을 아낄 수 있다는 점을 고려하면 더욱 큰 효과를 기대할 수 있다. 그런데도 부채를 통해 이런 사업에 재원을 투입하는 것이 사회 전체로 볼 때 바람직하지 않다는 재정 보수주의자들의 말도 안 되는 주장에 막혀, 명백히 효과적임에도 불구하고 이런 사업에 충분한 재원과 신용이 투입되지 못하는 사태가 벌어지기도 한다.

부채 상환이 가능할 정도로 충분한 경제 효과가 기대된다면 신용과 부채의 투입이 바람직하다는 점을 분명히 말해두고 싶다. 하지만 긍정적 효과가 있으면 부정적 효과도 있다는 상충관계까지 내다보는 것은 매우 어렵다. 대출 기준이 엄격해 상환 능력에 대한 확신에 가까운 그 무언가를 요구한다면 부채 문제는 줄겠지만, 개발 사업은 힘들게 될 것이다. 대출 기준이 보다 느슨해지면 개발 사업은 증대되겠지만, 이후에 심각한 채무 문제가 발생하여 긍정적 경제 효과는 기대할 수 없게 될 수도 있다. 이 문제를 좀 더 짚어보자. 그리고 부채와 부채 사이클과 관련해 앞에서 다루지 않은 몇 가지 사항에 대해서도 더 알아보도록 하자.

악성 부채의 대가는 얼마나 큰가? 부채로 재원을 조달하면 나쁜 사업인가?

정책 입안자인 당신은 지하철을 건설하는 사업을 추진하기로 했다. 총 건설비용은 10억 달러이다. 지하철을 운용해 창출되는 수익으로 상환해나갈 요량으로 부채를 이용해 자금을 조달했다. 하지만 경기가 예상보다 훨씬 좋지 않아 예상 수익의 절반만 들어오게 되면서 전체 부채의 50%가 악성 부채가 되었다. 그렇다면 지하철을 건설하지 말았어야 했는가?

이것은 지하철이 애초 예산을 책정할 때보다 5억 달러만큼 더 많은 가치를 창출할 수 있는가 하는 문제로 귀결된다. 지하철의 수명이 25년이라고 가정하고 연율 기준으로 앞 문장을 바꿔 말하면, 예산 책정 때보다 매해 약 2% 정도씩의 가치를 더 창출할 수 있는가에 따라 달라진다. 사안을 이렇게 바라보면, 지하철이 없는 것보다 비용이 들더라도 지하철이 있는 게 훨씬 더 낫다.

경제 전체를 놓고 봤을 때, 이 말이 어떤 의미가 있는지 알아보자. 악성 부채 손실은 부채액의 약 40%가 상환될 수 없는 경우 발생한다. 이런 악성 부채는 전체 부채의 약 20%를 차지하므로 손실은 전체 부채의 약 8%에 해당한다. 즉 전체 부채는 소득(예: 국내총생산GDP)의 약 2배(200%)에 해당하므로 손실은 GDP의 약 16%에 해당한다. 이 손실액이 15년에 걸쳐 '사회화(예: 금융정책, 재정정책 또는 이 두 가지를 통해 사회 전체가 손실을 부담하는 것)'된다면 손실액은 매해 GDP의 약 1%에 해당하는 금액이 된다. 이 정도면 감당이 가능하다. 물론 15년에 걸쳐 분산할 수 없다면 이는 감당할 수 없는 수준이다. 이런 의미에서 내가 주장하는 바는 상당한 금액의 부채를 지면 악성 부채 손실이 발생할 수 있다. 그런데 그 손실 규모는 손실을 분산하려는 정책 입안자의 의지 또는 능력에 따라 그 규모가 대폭 커지거나 작아질 수 있다는 점이다. 이는 내가 인생 경험과 연구 활동을 통해 접한 모든 사례에서 발견되는 내용이다. 정책 입안자가 손실 분산을 가능하게 하려면 다음의 두 가지 요건이 충족되어야 한다. 첫째, 부채 표시 화폐가 정책 입안자가 통제 가능한 화폐일 것. 둘째, 채권자와 채무자의 상호 행태에 정책 입안자가 영향력 행사가 가능할 것.

부채 위기는 피할 수 없는가

역사적으로 잘 훈련된 소수의 국가만이 부채 위기를 피해갈 수 있었다. 대출 자체가 완벽한 적이 없을뿐더러 부실화되는 경우가 잦기 때문이다. 대출의 부실화는 부채 사이클이 사람들의 심리에 영향을 주어 버블을 만들어내고, 이 버블이 폭발하는 양상으로 나타난다. 이를 바로 잡으려는 정책 입안자의 노력이 없었던 건 아니지만, 지나치다 싶을 정도로 여신(금융기관이 기업 등에 돈을 빌려주거나 보증을 서는 등 신용을 제공하는 것)을 매우 느슨하게 관리하는 경우가 더 많았다. 그것은 단기적 보상(빠른 성장)이 이런 관행에 정당성을 부여해주었기 때문인 것 같다. 또한 여신을 느슨하게 관리하는 편(예: 정부의 보증을 통한 금융 완화 정책)이 엄격하게 관리하는 것보다 정치적으로도 수월하다. 우리가 대형 부채 사이클을 보게 되는 것이 이런 연유에서이다.

부채 위기는 왜 주기적으로 발생할까

부채 사이클, 특히 대형 장기 부채 사이클에 대해 이야기를 시작하면 마치 점쟁이가 점괘를 이야기한다는 듯 미심쩍은 반응을 보인다. 그래서 내가 이야기하는 내용은 몇 가지 정형화된 패턴으로 되풀이되는 일련의 사태들이 논리적인 원인으로 촉발된다는 점을 강조하고 싶다. 시장 중심의 경제에서 신용의 확장과 수축은 경기 사이클을 이끄는데, 이런 현상은 매우 논리적인 원인으로 발생한다. 패턴은 유사하지만, 그 전개 과정을 들여다보면 똑같은 방식으로 반복되도록 미리 정해진 것도 아니다. 그리고 똑같은 시간이 걸리도록 미리 정해진 것도 아니라는 사실을 알 수 있다.

이 복잡한 문제를 아주 간단한 용어로 풀어보자. 사실상 돈을 빌리는 순간에 부채 사이클이 시작된다. 금전적 여유가 없음에도 물건을 구매한다면 버는 돈 이상으로 지출한다는 뜻이다. 이것은 단순히 채권자에게 돈을 빌리는 게 아니라, 미래의 자기 자신에게서 돈을 빌리는 것이다. 기본적으로 미래의 어느 시점에 이르러서는 소득보다 적게 지출해야만 빌린 돈을 갚을 수 있다. 돈을 빌려 버는 돈 이상으로 지출하고, 이후 버는 것보다 덜 지출해야 하는 패턴이 사이클을 형성한다. 이러한 모습은 개인과 마찬가지로 국가 경제에서도 나타난다. 돈을 빌리는 순간, 예측 가능하고 자명한 일들이 연이어 발생한다.

'모노폴리Monopoly'® 게임을 알면 신용 사이클이 경제 전반에서 어떻게 작동하는지 쉽게 이해할 수 있다. 게임 초반에는 보유한 현금이 많고 부동산은 적어서 현금을 부동산으로 전환하는 게 이득이다. 게임이 진행되면서 참가자들은 더 많은 주택과 호텔을 매입한다. 부동산이 많은 땅에 안착할 때마다 게임 참가자들은 소유주에게 임대료를 내야 하므로 점차 더 많은 현금을 써야 한다. 필요한 현금을 확보하기 위해 어쩔 수 없이 부동산을 헐값에 처분해야 할 때도 있다. 따라서 게임 초반에는 '부동산이 왕'이지만, 후반에는 '현금이 왕'이다. 자산을 부동산과 현금으로 적절히 배분하는 방법을 잘 이해하는 사람이 게임의 승자가 된다.

이제 모노폴리® 게임에 대출과 예금 기능이 있는 은행을 추가하면 어떤 일이 벌어지는지 상상해보자. 게임 참가자들은 부동산을 매입하는 데 필요한 돈을 은행에서 빌릴 수 있게 되고, 현금을 마냥 쥐고 있는 것보다는 은행에 예금하여 이자를 받으려 할 것이다. 덕분에 은행은 돈이 더욱 많아져서 대출을 늘릴 수 있다. 여기에 게임 참가자들끼리 신용으로 부동산을 사고팔 수 있다고 생각해보자. 즉 나중에 원금과 이자를 갚겠다고 약속한 뒤 거래를 하는 것이다. 이런 식으로 게임이 진행되는 모노폴리®는 현실 경제의 축소판이 되어 경제가 돌아가는 과정을 거의 완벽하게 보여줄 수 있다. 호텔을 매입하는 데 사용한 대출 총액은 금세 시장에 존재하는 현금

총액의 몇 배에 달하게 된다. 게임이 진행되면서 호텔을 소유한 채무자들은 다른 부동산을 소유한 사람들에게 임대료를 내고 부채를 상환해야 하므로 점차 현금이 부족해질 것이다. 예금자들은 은행에서 필요한 현금을 인출하고 현금이 부족한 채무자들의 연체가 늘어나기 시작하면 은행 역시 문제를 겪게 된다. 이때 외부 개입이 전혀 없으면 은행과 채무자가 모두 파산하게 되어 경제는 침체 상태에 빠지게 될 것이다. 장시간 확장/수축 사이클이 반복되면서 대형 장기 부채 위기가 발생할 여건이 조성된다.

대출은 자기 강화적인Self-reinforcing 모습을 보인다. 자기 스스로 더 많은 대출을 일으키며 계속해서 상승 곡선을 그리다가 결국에는 방향을 돌려 스스로 대출을 줄이는 하강 곡선을 그린 다음 또다시 방향을 바꾼다. 상승기에는 대출에 힘입어 소비와 투자가 이루어지고, 이는 소득과 자산 가격의 상승으로 이어진다. 소득과 자산 가격이 오르면서 재화와 금융자산을 소비하기 위해 대출을 더욱 늘린다. 대출은 경제의 일정한 생산성 성장Productivity growth을 넘어서는 수준으로 소비와 소득을 끌어올린다. 상승기의 정점에 이르면 경제 성장은 추세 성장을 웃돌며 이러한 상승세가 무한정 계속될 것이라는 기대감으로 대출이 이루어진다. 물론 무한한 성장은 일어날 수 없으며, 결국 어느 순간 소득으로 부채 비용을 감당할 수 없게 된다.

부채로 조달한 자금에 의존해 건설 사업으로 경기를 부양하는 국가들은 대형 경기 사이클에 유독 취약하다. 고정 투자자산과 부동산, 기반시설 같은 장기 보유자산Long-lived asset을 빠르게 건설하여 성장을 지속하기에는 한계가 있기 때문이다. 더 나은 주거 환경이 필요해서 집을 짓는다면 앞으로 주택 수요는 당연히 감소할 것이다. 주택을 짓는 데 소비되는 돈이 줄어들수록 주택 건설이 경제 성장에 미치는 영향도 줄어든다.

연간 1,000만 달러를 들여 업무용 건물을 짓는다고 가정해보자. 건설 노동자를 고용하고 철근이나 콘크리트 등 건설 자재를 구입하는 데 비용을 지출할 것이다. 건물이 완공되면 지출은 연간 0달러로 떨어진다. 마찬가지로 노동자와 건설 자재에 대한 수요도 0이 될 것이다. 바로 이 시점부터 경제 성장과 소득, 부채 상환 능력은 다른 수요에 의존할 수밖에 없게 된다. 부채로 자금을 조달하여 부동산, 고정 투자자산, 기반시설 등 건설 사업을 벌이고 견고한 성장세를 이어가다가 부채로 촉발된 수요 둔화의 영향으로 하강하는 사이클이 형성된다. 이런 사이클은 지을 건물이 많은 신흥국에서 매우 전형적으로 나타나는 현상이다.

임금 변화에 따른 경쟁력의 변화는 신흥국 경제에서 경기순환을 부추기는 또 다른 요인이다. 일반적으로 매우 값싼 노동력과 형편없는 기반시설을 보유한 신흥국들은 기반시설을 건설하면서 수출 호황을 누리고 임금 상승을 경험하게 된다. 하지만 임금이 상승하면서 다른 국가에 대해 인건비 경쟁력이 떨어지면 수출 주도의 경제 성장세는 당연히 둔화될 수밖에 없다. 이와 같은 경기순환을 경험한 국가는 많다. 일본은 지난 70년간 이와 같은 경기순환을 경험한 대표적 국가이다.

　'버블' 시기에는 터무니 없는 기대 심리와 무분별한 대출이 넘쳐나면서 부실 대출을 양산한다. 그리고 은행과 중앙은행Central bank이 부실 대출의 위험을 인지하게 되는 순간, 버블은 꺼지기 시작한다. 부채를 부채로 돌려막기 위해 대출금 규모를 늘리고, 그 과정에서 부채 수준이 전체적으로 올라가는 현상은 버블이 다가오고 있다는 전형적인 경고 신호이다.

　돈과 신용 확대를 제한하거나 대출 기준을 엄격하게 적용하면 신용 증가율과 소비는 둔화하고 부채 상환 문제가 점차 불거지기 시작한다. 이 시점에 다다르면 부채 사이클 상승 국면의 최고점이 멀지 않은 것이다. 중앙은행은 신용 증가 속도가 위험할 정도로 지나치게 빠르다는 사실을 깨닫게 되면 이를 억제하기 위해 통화 긴축 정책을 시행하기 시작한다. 이러한 긴축 정책은 경기 하강에 불을 붙인다(하지만 중앙은행이 개입하지 않는다고 해도 경기는 머지않아 하강 국면에 진입할 것이다). 중앙은행의 개입 여부와 상관없이 부채 상환 금액이 빌릴 수 있는 금액보다 커지면 상승 주기는 꺾이기 시작한다. 이때에는 신규 대출이 줄어들고 채무자들에게는 상환 압박이 가해진다. 채무자들의 상황이 좋지 않다는 사실이 명확해질수록 신규 대출의 문은 더욱 좁아진다. 결과적으로 소비와 투자가 둔화하면서 소득은 매우 더디게 증가하고 자산 가격도 내려간다.

　채무자들이 대출기관에 부채를 상환하지 못하면, 기관들도 자신들의 채권자들에게 부채를 상환하지 못하게 된다. 정책 입안자는 먼저 대출기관들과 협의하여 부채 상환 문제를 해결해야 한다. 주로 레버리지Leverage 비율과 악성 채무자 비율이 매우 높은 대출기관들이 가장 큰 압박에 시달리게 된다(부채 비율이 높을수록 자기자본이익률이 상승하는 현상을 레버리지라고 한다. 즉 타인자본을 빌려 이를 지렛대 삼아 적은 자기자본으로 큰 수익을 올리는 형태를 말한다. 그러나 부채 비율이 과도하게 높아지면 금리 부담 같은 재무 위험이 커질 수 있다). 이 기관들은 연쇄 파급 효과를 일으키며 신용등급이 높은 채무자들을 포함해 경제 전반에 막대한 위험을 떠안긴다. 보통 이런 기관들은 은행이지만, 신용체계가 역동적으로 발전하면서 대출 기능을 수행하게 된 보험회사, 비은행 신탁기관, 중개기관, 특수목적회사Special purpose vehicles 등 다양한 형태의 대출기관도 예외는 아니다.

부채 사이클로 야기되는 두 가지 장기적인 문제는 다음과 같다.

1) 부채 원리금 상환이 이루어지지 않아 발생하는 손실 문제: 약속한 원리금 상환이 이루어지지 않을 경우, 정기적으로 지급되는 상환 금액이 줄어들 수 있다. 상환 금액이 줄어드는 것에 채권자가 동의한다면 부채 가치를 대손처리해야 할 수도 있다. 연간 4% 이자를 받기로 했는데 실제로는 2%나 0%밖에 받지 못하게 되면서 매년 손실이 발생한다. 더 나아가 부채 탕감까지 이뤄질 경우 한 해 손실은 대폭 늘어나 50%에 달할 수도 있다.

2) 대출과 소비가 계속 감소하는 문제: 부채 위기가 해결되더라도 과도한 빚을 진 경제 주체들은 위기 이전과 동일한 수준으로 소비하지 못할 가능성이 크다. 이러한 부작용도 고려되어야 한다.

문제가 심각해지기 전에 부채 위기를 관리할 수 있을까

부채 사이클은 도로에 있는 과속 방지턱처럼 완만하게 진행될 때도 있고, 극단적으로 추락하며 끝이 날 때도 있다. 이 연구에서 지난 100년 사이에 실질 GDP가 3% 이상 감소했던 극단적인 금융 위기 사례들을 모두 살펴보았다. 내 연구 결과와 정책 입안자가 사용할 수 있는 수단들을 미루어볼 때, 자국 통화로 표시된 부채로 촉발된 위기 대부분은 적절하게 관리될 수 있다. 정책 입안자들이 유연하게 대응하여 악성 부채에 따른 비용 부담을 사회 전체에 분산한다면 대규모 부채는 심각한 문제가 되지 않을 것이다. 부채 위기가 빚어낸 매우 심각한 경제 문제들은 정책 입안자들이 손을 쓰기도 전에 일어난 경우가 대부분이다. 심지어 1930년대 대공황처럼 역사상 최대 규모의 부채 위기도 적절한 대책이 수행되었다면 달랐을 것이다.

이러한 대규모 부채 위기를 연구한 결과, 부채 그 자체는 큰 위험이 아니었다. 오히려 가장 큰 위험은 1) 지식이나 권한의 부족으로 인해 정책 입안자들이 옳은 일을 하지 못하는 데에서, 그리고 남을 2) 도와주는 과정에서 일부 사람들에게 피해를 주는 조정 작업의 정치적 결과에서 나온다. 이러한 위험을 줄이는 데 보탬이 되기를 바라는 마음에서 나는 이 책을 쓰게 되었다.

앞서 언급한 내용이지만 한 번 더 짚고 넘어가려고 한다. 첫째, 자국 통화가 아닌 외국 통화로 표시된 경우 정책 입안자가 부채 문제에 따른 비용을 사회 전체로 분산하는 정책을 시행하기가 훨씬 어렵다. 둘째, 부채 위기가 적절히 관리될 수 있다고 해서 큰 대가를 치를 사람이 없다는 것은 아니다.

부채 위기를 해결할 열쇠는 정책 입안자가 적절한 정책 수단을 어떻게 활용하는지 알고 있는가, 그리고 정책 수단을 펼치는 데 필요한 권한이 있는가에 달려 있다. 또한 정책 입안자들은 매년 사회가 부담할 금액은 얼마인지, 그리고 혜택을 받는 주체와 손해를 보는 주체가 누구인지도 알고 있어야 한다. 그래야 정치적 대가뿐 아니라 정책 시행에 따른 다양한 후폭풍들까지 용인될 수 있다.

정책 입안자가 부채를 상환하는 데 필요한 소득과 현금 흐름 수준에 상응하도록 부채 비중과 상환 금액을 낮추는 데 활용할 수 있는 네 가지 정책 수단은 다음과 같다.

1) 긴축Austerity(지출 축소)

2) 채무 불이행Debt default과 채무 재조정Debt restructuring

3) 중앙은행의 화폐 찍어내기와 부채 인수(또는 보증)

4) 많이 가진 자에게서 그렇지 못한 자에게로 돈과 신용을 이전(부의 재분배)

경제에 미치는 파급 효과는 정책 수단마다 다르다. 화폐 찍어내기처럼 인플레이션(물가 상승)을 일으키고 경제 성장을 촉진하는 정책 수단도 있고, 긴축과 채무 불이행처럼 디플레이션(물가 하락)을 일으키고 부채 부담을 줄여주는 정책 수단도 있다. 아름다운 디레버리징Beautiful deleveraging(소득 대비 부채 비율Debt-to-income ratio이 감소하면서도 적정 수준의 인플레이션과 경제 성장률을 유지하는 상태)의 핵심은 이런 상반되는 효과를 내는 정책 수단들의 균형을 맞추는 데 있다. 듣기만 해도 기분 좋아지는 이 시나리오에 따르면, 아름다운 디레버리징이 발생할 경우 경제 활동과 금융자산 가격이 개선되면서 명목 성장률이 명목 금리를 상회하게 되어 결국 소득 대비 부채 비율이 감소하고 부채 부담이 감소한다는 논리이다.

이득을 보는 주체와 손해를 보는 주체 그리고 실행 기간에 따라 활용해야 할 정책 수단이 달라지므로, 이를 결정해야 하는 정책 입안자들은 정치적으로 어려운 처지에 놓이게 된다. 그 결과, 부채 위기를 잘 극복한 정책 입안자일지라도 능력을 제대로 인정받지 못할 때가 많다.

전형적인 장기/대형 부채 사이클 템플릿

앞으로 다룰 템플릿은 48가지의 대형 부채 사이클을 연구한 결과를 기초로 정리한 것이다. 실질 GDP가 3% 이상 하락한 상황을 불황Depression으로 정의하고, 일정 규모 이상 되는 국가 중에서 이러한 불황이 일어난 사례들을 모두 포함했다. 명확한 분석을 위해 국가들을 두 집단으로 분류했다. 1) 한 집단은 외화 부채(외화로 표시된 부채)가 많지 않고 인플레이션형 불황을 겪지 않은 국가이다. 2) 또 다른 집단은 외화 부채가 상당하고 인플레이션형 불황을 겪은 국가이다. 외화 부채와 인플레이션 규모는 약 75%의 상관관계를 보였기 때문에(외화 부채가 많다는 점은 인플레이션형 불황으로 치닫는 원인이 되므로 이처럼 높은 상관관계는 그리 놀라운 결과가 아니다), 외화 부채가 많은 나라와 인플레이션형 불황을 경험한 나라를 한 그룹으로 분류하는 것은 무리가 아니다.

부채와 부채 상환 비용이 빚을 갚는 데 필요한 소득보다 빠르게 증가하고 디레버리징이 일어날 때, 전형적인 부채 위기가 발생한다. 중앙은행은 실질 금리와 명목 금리를 인하하여 부채 위기를 완화할 수 있지만, 이 방법조차 사용할 수 없을 땐 심각한 부채 위기(불황)가 발생한다. 많은 단기 부채 사이클(예: 경기 사이클)이 쌓이면 장기 부채 사이클이 되는 것이 전형적인 현상이다. 왜냐하면 소득 대비 부채 비율상 단기 사이클의 고점과 저점이 바로 직전의 고점과 저점보다 높아지는 현상은 금리가 인하되는 한 유지되는데, 그 현상이 멈추는 시점이 바로 부채 증가를 부채질한 금리 인하가 더 이상 지속될 수 없을 때이기 때문이다. 다음 도표는 1910년 이후 미국의 부채와 부채 상환 부담(원금과 이자 포함)을 보여준다. 부채가 증가할 때에도 이자 비용은 그대로 유지되거나 감소해서 부채 상환 부담은 부채만큼 빠르게 증가하지 않는다. 그 원인은 중앙은행(미국은 연방준비제도 Federal Reserve에 해당)이 금리 인하와 그에 따른 부채 증가에 의존해 경기를 계속 확장하려고 하기 때문이다. 결국 금리 인하 정책을 더 이상 유지할 수 없는 시점이 온다. 즉 금리가 제로이기 때문에 금리를 인하하고 싶어도 인하할 수 없는 시점으로, 디레버리징이 시작될 때가 온 것이다.

다음 도표는 전체적인 그림을 파악하기에는 좋지만, 두 가지 문제점이 있다. 첫째, 전체를 이루는 다양한 경제 주체들이 저마다 얼마나 많은 부채를 부담하는지 이해하는 게 중요한데, 이를 구분해서 보여주지 못한다. 둘째, 부채만을 보여줄 뿐, 그보다 규모가 큰 연금이나 건강보험 등 지급 의무가 있는 부채를 반영하지 못한다. 국가 부채의 취약점까지 고려하려면 이렇게 세세하게 들여다봐야 하지만, 이 같은 문제는 대부분 이 책이 다루는 범위를 벗어난다.

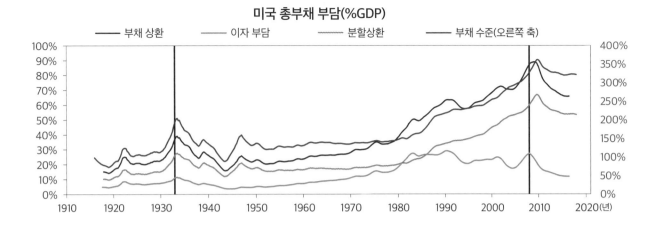

미국 총부채 부담(%GDP)

사이클 분석

부채 사이클 템플릿을 논하는 과정에서, 불황에 이르는 기간과 불황기, 불황의 바닥을 찍은 뒤 이어지는 디레 버리징 기간에 초점을 맞출 것이다. 대형 부채 위기는 크게 국가의 외화 부채 보유비율에 따른 디플레이션형 부채 위기와 인플레이션형 부채 위기 두 가지로 나뉜다. 이 연구는 두 가지 위기를 하나씩 살펴볼 것이다.

단계별 도표에 반영된 통계는 디플레이션형 부채 사이클 21개와 인플레이션형 부채 사이클 27개의 사례를 평균 내어 구한 값이다. 불황의 정점에 이르기 5년 전을 기점으로 정점을 지난 후 7년에 이르기까지 총 12년에 걸쳐 나타난 흐름을 반영했다.

규모 면에서 훨씬 극단적이라는 점만 제외하면, 장기 부채 사이클은 단기 부채 사이클과 비슷한 면이 많다. 둘 다 부채 부담이 높고 부채 문제를 해결할 통화 정책의 효과가 떨어진다는 공통점이 있다. 단기 부채 사이클 은 주로 작은 호황과 침체를 불러오는 데 반해, 장기 부채 사이클은 대규모 호황과 불황을 불러온다. 지난 1세 기 동안 미국은 두 번의 장기 부채 위기를 겪었다. 첫 번째는 1920년대 호황에 이어 발생한 1930년대 대공황이 었고, 두 번째는 2000년대 초 호황에 이어 2008년에 시작된 금융 위기였다.

단기 부채 사이클에서 소비 지출을 제약하는 요인은 대출기관과 채무자의 의지에 있다. 즉 대출기관이 대출 해주려는 의지가 있거나, 채무자는 대출을 받으려는 의지가 있으면 신용을 쉽게 이용할 수 있다. 그렇지 않으 면 신용은 쉽게 이용할 수 없다. 신용을 쉽게 이용할 수 있으면 경기는 확장한다. 반면 신용을 쉽게 이용할 수 없으면 경기는 침체한다. 주로 중앙은행이 이러한 신용 가용성Availability of credit을 통제한다. 일반적으로 중앙은행은 금리를 인하하여 다시 경기순환을 촉진하고 경제를 침체에서 벗어나게 할 수 있다. 하지만 시간이 지나면서 사이클의 고점과 저점은 이전 사이클보다 경제 활동도 더 활발해지고, 부채도 많아진 상태에서 마무리된다. 왜 그럴까? 스스로 자초하기 때문이다. 인간에게는 빚을 갚는 대신 돈을 더 빌려 소비하려는 성향이 있다. 인간의 본성이 그렇다. 결과적으로 부채는 장기간에 걸쳐 소득보다 가파르게 증가한다. 이로써 장기 부채 사이클이 만들어진다.

장기 부채 사이클의 상승 국면에 대출기관은 빚을 많이 진 사람들에게도 기꺼이 신용을 연장해준다. 이것이 가능한 이유는 상승기에는 신용이 자기 강화적으로 확장되기 때문이다. 다시 말해, 신용의 증가는 소비의 증가를 불러오고 소비의 증가는 소득과 순자산Net worths의 증가를 불러오게 된다. 결국 채무자들은 더 많은 신용을 확보할 수 있게 되면서 소비와 부채가 한층 더 증가하는 자기 강화적 과정을 밟아나간다. 이제 경제 주체 대부분은 거리낌 없이 더 많은 부채 위험을 짊어진다. 규제 당국의 감독과 보호를 받지 않는 새로운 형태의 금융 중개기관과 금융 상품도 속속 등장하기 시작한다. 규제를 받지 않는 기관들은 더 높은 수익률을 제시하면서 투자자들을 사로잡고, 더 많은 레버리지를 활용하고, 높은 유동성과 신용 위험을 감수하며 대출을 집행한다. 그 덕분에 시장에서 경쟁 우위를 점할 수 있게 된다. 신용이 넘쳐나는 환경에서 채무자들은 자신들이 감당할 수 있는 수준보다 더 많은 소비를 함으로써 겉보기에는 매우 풍요로워 보이기까지 한다. 한편 대출기관 역시 호황을 만끽하며 실제보다 훨씬 낙관적인 기대를 품는다. 하지만 부채 상환에 필요한 돈과 소득보다 부채는 더 빠르게 늘어나면서 점차 부채 문제가 불거지기 시작한다.

소득 증가율이 부채 증가율에 미치지 못하면서 부채가 한계에 도달하게 되면 정반대의 상황이 펼쳐진다. 자산 가격이 하락하면서 채무자들은 부채 상환에 어려움을 겪는다. 불안해진 투자자들이 투자를 주저하게 되면서 기존 채권을 매각하기 시작하거나, 부채 만기 연장을 거부하기 시작한다. 이로 인해 유동성 문제가 발생하고, 그 영향으로 사람들은 소비를 줄인다. 하지만 그보다 심한 불황기에는 금리를 낮출 수조차 없다. 이미 금리가 제로(0%)이거나 제로에 가까워서 일반적인 방법으로는 유동성(돈)을 늘릴 수 없기 때문이다.

이런 과정이 바로 장기 부채 사이클을 탄생시키는 원동력이 된다. 신용이 존재하는 한, 부채 사이클은 늘 발생했다. 부채 사이클의 역사는 로마 시대 이전으로 거슬러 올라간다. 구약성서에도 50년에 한 번씩 부채를 탕감할 필요가 있다는 내용이 나오는데, 이 시기를 희년Year of Jubilee이라고 부른다(이스라엘에서는 50년마다 찾아오는 희년에 땅과 집을 원래 주인에게 돌려주고 노예를 해방시키고 빚을 면제해주었다). 인류 역사에서 부채 사이클은 줄곧 같은 방식으로 되풀이되었다.

화폐는 교환의 매개이자 부의 저장 수단이라는 두 가지 기능을 수행한다. 두 기능에 따라 화폐를 사용하는 사람들도 둘로 나뉜다. 1) 먹고사는 데 필요한 돈을 벌기 위해 일하는 사람들이 있는가 하면, 2) 재산을 돈의 형태로 보관해놓은 사람들도 있다. 역사적으로 두 집단은 서로 다른 이름으로 불렸다. 전자는 노동자, 프롤레타리아Proletariat(생산 수단이 없고 자신의 노동력을 팔아 생활하는 노동자 계급), '못 가진 자' 등으로 불렸다. 그리고 후자는 자본가, 투자자, '가진 자' 등으로 불렸다. 이 책에서는 전자를 '프롤레타리아-노동자', 후자를 '자본가-투자자'로 지칭할 것이다.

프롤레타리아-노동자는 자신의 시간을 팔아 돈을 번다. 반면에 자본가-투자자는 남에게 돈을 빌려주는 방식으로 돈을 번다. 그들은 돈을 빌려준 대가로 원금에 이자를 더해 원금보다 많은 금액으로 갚겠다는 증서(채권)나 회사 지분(주식), 다른 자산(예: 부동산) 등을 받는다. 두 집단은 규칙을 정하는 정부와 함께 부채 사이클에서 중요한 역할을 한다. 일반적으로 두 집단은 모두 대출을 통해 이득을 얻지만, 때로는 거래를 한 후 한쪽은 이득을 얻고 다른 쪽은 손해를 보기도 한다. 특히 채무자와 채권자 사이에 이런 현상이 나타난다.

한 사람의 금융자산은 다른 사람에게는 갚아야 할 금융 부채다. 갚아야 할 부채가 가진 돈에 비해 턱없이 많아지면 대대적인 디레버리징이 일어난다. 이제 소비를 지탱하던 자유시장의 신용체계는 제대로 작동하지 못하고 디레버리징으로 인해 역으로 작동하면서 정부가 대대적으로 시장에 개입해야 하는 지경에 이른다. 중앙은행은 부채를 인수하는 최종대출자Lender of last resort 역할을 수행하고, 중앙정부는 소비와 부를 재분배한다. 이 과정에서 부채 재조정이 이루어질 필요성이 대두될 수 있는데, 이때 상환 금액을 고려해 미래 소비에 대한 청구권(예: 부채)을 삭감할 필요가 있다.

이처럼 부채 상환 금액과 화폐 공급(부채 상환에 필요한 현금 흐름) 사이에 나타나는 근본적인 불균형은 역사적으로 계속해서 발생해왔다. 그리고 앞서 설명한 네 가지 정책 수단을 적절히 조합하는 방식으로 해결해왔다. 부채 위기를 극복하는 과정은 누구에게나 고통스러워서 프롤레타리아-노동자와 자본가-투자자 계급 사이에 갈등이 빚어지기도 한다. 상황이 악화되면 대출시장이 제 기능을 하지 못하거나 법의 테두리를 벗어날 수도 있다. 역사학자들은 신용 창출 과정에서 빚어진 여러 문제와 갈등 때문에 천주교와 이슬람교에서 고리대

업을 죄악으로 여겼다고 지적한다.[•]

이 연구에서는 대형 부채 위기를 일으키는 대형 부채 사이클을 분석하고, 대형 부채 사이클이 어떤 양상으로 전개되는지, 그리고 어떻게 하면 대형 부채 사이클에 잘 대처할 수 있는지 살펴볼 것이다. 우선 디플레이션형 불황과 인플레이션형 불황의 차이점을 명확하게 구분하도록 하자.

• **디플레이션형 불황**Deflationary depression: 정책 입안자들은 경기 침체 초기에 금리를 인하하는 방식으로 대응한다. 하지만 금리가 0% 수준에 도달하면 더는 금리를 내릴 수 없어 경제 부양 효과를 기대할 수 없게 된다. 화폐 찍어내기나 통화 가치 하락 같은 적절한 경기 부양책을 동반하지 않은 채 채무 재조정과 긴축재정 정책이 주를 이룬다. 이 단계에 이르면 부채 상환이 일어나면서 부채 총량은 줄어들지만, 소득이 채무 재조정보다 빠른 속도로 감소하면서 채무자들의 부채 부담(소득 대비 부채 원리금 상환 비율)은 늘어난다. 높은 이자 비용을 감당하기 위해 더 많은 빚을 지는 채무자들이 많아진다. 앞서 설명했듯이 지속 불가능한 부채의 상당량을 국내에서 자국 통화로 조달한 국가에서는 디플레이션형 불황이 주로 발생한다. 부채 문제가 터지면 자산 강매나 채무 불이행 같은 문제가 발생하지만, 통화나 국제수지와 관련된 문제는 발생하지 않는다.

• **인플레이션형 불황**Inflationary depression: 외국 자본에 의존해 상당량의 부채를 외화로 조달한 국가에서는 주로 인플레이션형 불황이 발생한다. 이때 화폐화할 수 없는 상당량의 외화 부채(즉 중앙은행이 찍어낸 자국 화폐로 매입)를 축적하게 된다. 외국 자본 유입이 감소하면 신용 창출은 신용경색으로 전환된다. 인플레이션형 디레버리징 상황에서 외국 투자자들이 투자금을 회수하여 해외로 반출하게 되면 대출과 유동성이 시장에서 자취를 감추게 된다. 이로 인해 통화 가치가 하락하게 되면서 인플레이션이 유발된다. 정책 입안자가 시장에 개입해 외화 부채 부담을 분산시키기에는 한계가 있기 때문에 외화 부채 비중이 큰 인플레이션형 불황은 관리하기가 매우 어렵다.

[•] 중세에는 기독교인이 다른 기독교인을 상대로 이자를 부과하는 일이 불법이었다. 이런 이유로 유대인들이 각종 사업 개발과 항해 자금을 빌려주거나 지원하면서 무역 발전에 지대한 역할을 했다. 하지만 동시에 그들은 빚 상환을 독촉하는 채권자이기도 했다. 부채 위기는 유대인을 대상으로 벌어진 많은 폭력 사태의 원인이 되었다.

그럼 디플레이션형 불황부터 살펴보도록 하자.

전형적인 디플레이션형 부채 사이클 국면

다음 그림은 전형적인 장기 부채 사이클을 7단계로 나누고 12년에 걸쳐 나타나는 경제의 GDP 대비 총부채 비율과 총부채 원리금 상환 비율의 추세를 보여준다.

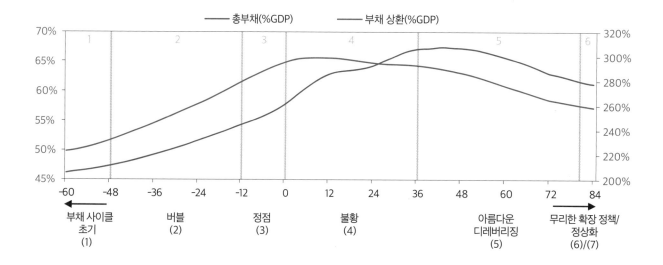

이번에는 디플레이션형 디레버리징 사례들의 평균값을 구한 후 이와 비슷한 '전형'적인 도표들도 살펴볼 것이다. •

• 전형적인 도표는 인플레이션처럼 변동성이 큰 지표를 다룰 때 이상치(outlier)에 특히 민감하다. 평균과 거리가 먼 사례들의 약 3분의 1은 각 도표에서 제외했다.

부채 사이클 초기

부채 사이클 초기에는 부채 증가세가 견고하다. 하지만 소득 증가세보다 빠르지는 않다. 소득이 빠르게 성장하는 경제 활동의 재원으로 부채가 활용되기 때문이다. 예를 들어, 부채가 사업을 확장하고 생산성을 향상시키는 데 사용되어 매출 성장에 기여한다. 낮은 부채 부담과 건전한 재무상태표 덕분에 민간 부문, 정부, 은행은 부채를 늘릴 여지가 생긴다. 부채 증가율, 경제 성장률, 인플레이션이 지나치게 높거나 낮지도 않다. 이러한 시기를 '골디락스Goldilocks' 기간이라고 부른다.

버블

버블 초기에 부채는 소득보다 빠르게 증가한다. 자산 수익률이 급격하게 상승하고, 자산 가격도 가파르게 상승한다. 일반적으로 버블이 형성되는 과정은 자기 강화적으로 진행된다. 소득과 순자산, 자산 가치가 늘어나면서 채무자는 더 많은 돈을 빌릴 수 있게 된다. 더 많은 돈을 빌리는 것이 가능한 원인은 대출기관은 1) 부채 상환에 필요한 채무자의 예상 소득과 현금 흐름, 2) 자산 가격과 함께 오르는 순자산과 담보 가치 3) 기관 자체의 대출 여력 이 세 가지 변수를 고려하여 대출 금액을 결정하는데, 이 세 가지 변수가 모두 상승하기 때문이다. 부채가 소득보다 빠른 속도로 증가하기 때문에 세 가지 변수가 상승세를 지속할 수 없음에도 채무자들은 부자라도 된 것처럼 번 돈보다 더 많이 소비하고 대출을 얻어 비싼 가격에 자산을 사들인다. 진짜 어떤 일이 벌어지는지 한 가지 예를 들어보자.

당신의 연소득이 5만 달러이고, 순자산도 5만 달러라고 가정해보자. 연간 1만 달러를 빌릴 수 있다면 연소득이 5만 달러에 불과하더라도 몇 년 동안은 연간 6만 달러를 쓸 수 있다. 경제 전체로 보면 부채와 소비가 증가하면서 소득이 늘어나고, 주식과 다른 자산 가치도 상승한다. 담보 가치도 덩달아 오르면서 사람들은 더 많은 돈을 빌릴 수 있게 된다. 그래서 사람들은 부채 규모를 점점 더 늘린다. 하지만 이렇게 점점 늘어나는 부채를 감당할 수 있으려면 성장이 견인되어야 한다는 조건이 충족되어야 한다.

장기 부채 사이클의 상승 국면에서 부채 상환 부담은 경제 전반의 화폐 공급량과 채무자들이 소득, 부채, 자산 매각 등을 통해 벌어들이는 돈과 신용에 비해 상대적으로 빠르게 증가한다. 이러한 상승세는 중앙은행의 주기적인 신용 긴축/완화 정책에 따른 작은 경기 변동을 거치면서 수십 년간 지속된다. 이러한 단기 부채 사이클이 여러 번 더해져 장기 부채 사이클을 형성한다.

장기 부채 사이클이 오랫동안 지속될 수 있는 주된 원인은 중앙은행이 금리를 점진적으로 인하하기 때문이다. 금리 인하로 자산의 현재가치가 상승하면서 사람들의 부도 증가한다(현재가치는 일정 기간 발생하는 미래 현금 흐름을 금리로 할인하여 구할 수 있다. 따라서 금리가 낮을수록 현재가치는 오른다). 덕분에 부채 상환 부담이 커지지 않고 신용으로 물건을 구매하면서 생겨난 월 지불 비용도 낮아진다. 하지만 이러한 상태가 영원히 지속될 수는 없다. 어느 순간 부채 상환 금액이 채무자가 빌릴 수 있는 금액과 같거나 그 이상이 되면, 갚아야 할 부채가 가용 현금에 비교해 지나치게 많아진다. 갚아야 할 부채가 버는 돈과 신용보다 많아질 때 상승세가 꺾이고 디레버리징이 시작된다. 대출은 단순히 미래 소비를 끌어다 쓰는 행위에 불과하다. 연소득이 5만 달러인 사람이 수년 동안 연간 6만 달러를 소비했다면, 그 외 모든 조건이 동일하다고 가정할 때 향후 같은 기간 동안 연간 4만 달러로 소비를 줄여야 한다.

조금 지나치게 단순화하여 설명하긴 했지만, 이것이 바로 버블이 부풀고 꺼지는 기본 원리이다.

버블의 시작: 강세장

버블은 일반적으로 강세장이 올 거라는 지나치게 낙관적인 기대로 시작된다. 호황 초기에 강세장이 당연하게 여겨지는 이유는 저금리가 주식과 부동산 같은 투자자산을 보다 매력적으로 만들기 때문이다. 그 덕에 투자자산의 가격은 오르고 경제 여건이 향상되면서 경제는 성장하고 기업의 이윤은 증가한다. 그 결과 기업의 재무상태표는 개선되고 더 많은 대출을 받을 여력도 생긴다. 결국 이 요인이 모두 원인으로 작용하여 기업 가치는 더 상승한다.

자산 가치가 오르면서 순자산과 소비, 소득 수준도 상승한다. 투자자와 사업가, 금융 중개기관, 정책 입안자는 상승 국면이 지속될 것이라는 신념을 키우며 레버리지 비율을 높이는 데 일조한다. 호황은 기회를 놓치고 싶지 않은 신규 매수자들을 시장으로 끌어들여 점차 버블을 키운다. 정부가 명시적·암묵적으로 대출을 보증한다는 이유로, 대출기관들이 심사를 신중히 처리하지 않은 탓에 수익성이 떨어지는 대출과 버블이 빈번하게 발생한다.

새로운 투기자들과 대출기관들이 시장에 진입하면서 참여자들의 자신감은 치솟고, 대출 기준은 느슨해진다. 은행은 레버리지 비율을 늘리고, 정부 규제를 받지 않는 신종 대출기관들이 등장한다(이러한 비은행 대출기관들을 '그림자 금융Shadow banking' 기관으로 통칭한다). 그림자 금융기관들은 일반적으로 정부의 규제와 보호를 받지 않는다. 이 시기에는 새로운 형태의 대출 상품이 개발되고 다양한 금융 공학 기법이 활용된다.

대출기관과 투기자들은 쉽고 빠르게 돈을 벌어들이며 또다시 버블을 키운다. 투기자들의 자산 가치가 오르면서 새로운 대출을 받는 데 필요한 담보 가치도 오른다. 이 상황을 문제로 여기는 사람은 거의 없다. 오히려 이 현상이 호황을 반영한 증거라고 생각한다. 부채 사이클에서 버블 국면은 자기 강화적으로 발전한다. 주식을 예로 들면, 주가 상승은 더 많은 소비와 투자로 이어지고, 이는 기업의 수익을 높여 주가 상승을 견인한다. 덕분에 신용 스프레드Credit spread가 줄어들면서(신용 스프레드는 국채와 회사채 간 금리 차를 말한다. 여기서는 신용등급 간 금리 격차가 줄어들었다는 뜻) 담보 가치와 수익이 상승함에 따라 대출이 늘어나면서 소비와 투자 비율에 영향을 끼친다. 이 시기에는 모두가 기회를 놓칠까 두려워 자산을 귀중한 보물처럼 여겨 소유하려 한다. 결과적으로 모든 경제 주체가 롱 포지션Long position을 취한다(자산 가격 상승을 기대하고 매수하는 상태). 1) 차익을 얻기 위해 단기로 자금을 빌려 장기로 빌려주거나, 2) 유동부채Liquid liabilities를 얻어 비유동자산Illiquid asset에 투자하고, 3) 자금을 빌려 위험도가 높은 부채나 자산에 투자하거나, 4) 한 국가의 통화로 자금을 빌려 다른 국가에 빌려주는 등 자산과 부채의 불일치Asset-liability mismatch가 확대된다. 이 시기에 부채는 빠르게 증가하고 부채 상환 비용은 더 빠르게 증가한다. 아래 도표에서 이러한 추세를 확인할 수 있다.

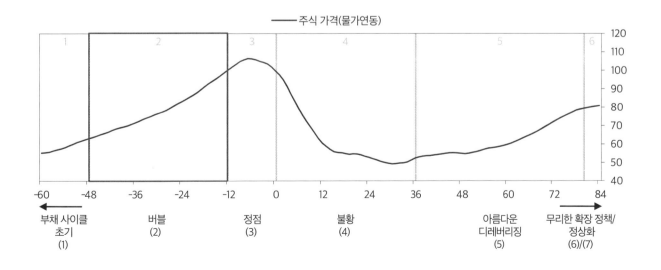

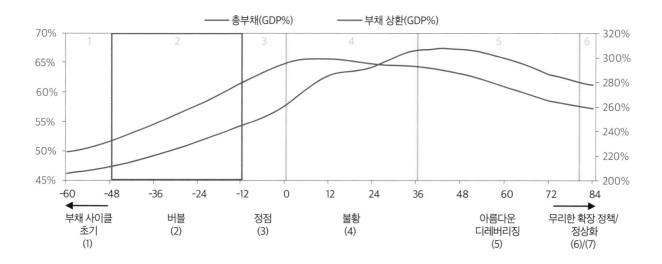

시장의 컨센서스^{Consensus}가 형성되면 가격에 반영된다(시장 컨센서스는 시장 전문가들의 평균적인 투자 의견과 전망을 의미). 미래는 예상한 대로 흘러가지 않는다는 사실을 보여주는 역사적인 사례는 수없이 많다. 하지만 사람들은 대체로 컨센서스가 미래 전망을 잘 나타낸다고 생각한다. 인간은 본능적으로 다수의 의견을 따르고 최근 경험을 지나치게 신뢰하는 경향이 있다. 이런 본능적 경향이 작용하여, 컨센서스가 가격에 반영됨으로써 그렇게 되리라는 막연한 기대가 자리 잡게 된다.

이 시기에는 부채 대비 소득 비율이 빠르게 상승한다. 아래 도표는 디플레이션 유발형 디레버리징을 평균 낸 것으로 GDP 대비 부채 비율의 전형적인 진행 경로를 보여준다. 전형적인 버블 시기에는 약 3년 동안 부채

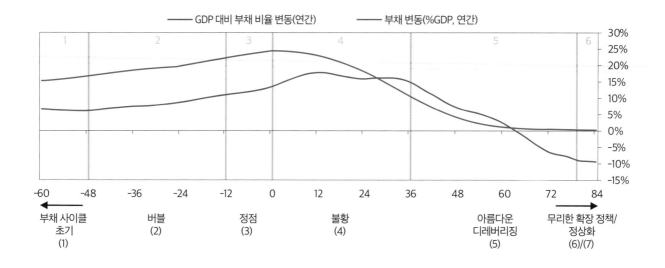

규모가 GDP 대비 평균 20~25%씩 증가한다. 파란색 선은 총부채를 GDP로 나눈 값이 장기 부채 사이클을 거치면서 단계마다 어떻게 변화하는지 보여주고, 빨간색 선은 총소득 대비 총부채 상환 비율의 변화를 보여준다.

버블은 경기 사이클, 국제수지 흑자, 장기 부채 사이클의 정점에서, 그리고 이 세 정점이 중첩되며 동시에 나타날 때 일어날 가능성이 크다. 버블이 정점에 다다를 때 경제는 가장 취약하지만, 사람들은 그 어느 때보다도 부유하다고 느끼며 낙관적인 기대를 품는다. 앞서 살펴본 사례들에서 GDP 대비 부채 수준^{Total debt-to-income} levels은 평균적으로 GDP의 약 300%에 달했다. 몇 가지 대략적인 평균치를 살펴보자면 전형적인 버블을 암시하는 주요 지표는 다음과 같다.

버블의 조건

	버블 기간 동안의 변화	변동 폭
1. 소득보다 빠르게 증가하는 부채	40%	14~79%
빠르게 증가하는 부채	32%	17~45%
부채보다는 더디지만 여전히 높은 소득 증가율	13%	8~20%
2. 주식시장 강세 지속	48%	22~68%
3. 완만해지는 수익률 곡선(단기-장기)	1.4%	0.9~1.7%

통화 정책의 역할

통화 정책은 버블을 억제하기보다는 오히려 키우는 경우가 많다. 인플레이션과 경제 성장률, 투자 수익률이 양호한 상황이라면 더욱 그러하다. 보통 생산성 호황^{Productivity boom}으로 해석되는 이러한 시기에는 낙관적 투자 심리가 강화되기 때문에 투자자들은 레버리지 비율을 높여 투자자산을 사들인다. 이때 중앙은행은 인플레이션과 경제 성장률에 집중하는 바람에 통화 긴축 정책을 시행할 수 있는 타이밍을 놓치는 경우가 많다. 이러한 상황은 1980년대 말 일본에서 발생했고, 1920년대 말과 2000년대 중반에 세계 곳곳에서 발생했다.

대부분 중앙은행 정책의 가장 큰 문제가 이것이다. 중앙은행은 인플레이션, 또는 인플레이션과 경제 성장률을 목표로 잡을 뿐 버블을 적절히 관리하지 않는다. 따라서 인플레이션과 실질 성장률이 지나치게 높게 나타나지 않는 한, 중앙은행의 영향으로 늘어난 부채는 오히려 버블 형성에 필요한 자금을 공급한 셈이 될 수 있다.

나는 중앙은행은 부채 성장이 지속 가능한 수준으로 유지될 수 있도록 목표를 설정하고 감시하는 것이 매우 중요하다고 생각한다. 이를테면 중앙은행은 자산 매입에 어떤 신용이 사용되었는지 따지지 말고 소득이 부채를 상환할 수 있을 정도로 성장하고 있는지를 들여다봐야 한다. 중앙은행 관료들은 때때로 버블을 포착하기 쉽지 않으며, 버블을 평가하고 통제할 책임은 중앙은행에 없다고 말한다. 인플레이션과 경제 성장률을 조절하는 게 중앙은행의 역할이라는 것이다.• 하지만 중앙은행은 돈과 신용을 통제하는 기관이다. 상환되지 못할 부채로 돈과 신용이 흘러간다면, 이는 결국 경제 성장과 인플레이션에 악영향을 끼칠 수밖에 없다.

버블이 터지면 극심한 불황이 발생한다. 그런데 버블을 조장하는 부채를 만들어낸 중앙은행에서 버블을 관리하지 않는다면 누가 할 것인가? 거대한 버블이 생기고 터지도록 놔둔 대가로 겪게 될 경제적 어려움은 너무도 크다. 때문에 정책 입안자는 무책임하게 이 문제를 간과해서는 안 된다. 이제는 부채를 바라보는 관료들의 시각이 달라졌으면 한다.

인플레이션과 경제 성장률이 지나치게 과열되면 중앙은행은 일반적으로 통화 긴축 정책을 시행하고 그 영향으로 단기 금리는 오르게 된다. 하지만 버블은 경제 전반이 아닌, 특정 부문에서 일어나기 때문에 일반적인 통화 정책으로는 버블을 제대로 관리할 수 없다. 경제 전반을 고려할 때 이러한 버블 시기에는 중앙은행의 대응이 뒤처지고, 채무자들은 높은 부채 상환 비용에도 그다지 압박을 느끼지 않는다. 종종 이 단계에서는 소득의 증가를 통해 확보된 돈으로 이자를 상환하는 것이 아니라, 대출을 통해 빌린 돈으로 이자를 상환하는 경우가 많은데, 이는 부채 성장이 지속 불가능한 수준이라는 것을 분명하게 알리는 신호이다.

버블이 터지면 이 모든 과정이 정반대로 작용하고, 그동안 연쇄적으로 버블을 키운 요소들은 이제 자기 강화적으로 경기 하강을 이끈다. 자산 가격이 하락하며 투기자들이 레버리지를 통해 매입한 주식과 담보 가치도 덩달아 떨어지면서 채권자들은 자금 회수에 나선다. 투기자들은 상환 압박에 못 이겨 자산을 내다 팔게 되고, 이는 자산 가격의 하락세를 더욱 부추긴다. 이에 채권자들과 투자자들은 위험도가 높은 금융 중개기관에서 자금을 인출하고, 자산을 매각하고 시장에서 급히 빠져나가려고 한다. 이로 인해 금융기관들은 유동성 문제에 시달리게 된다. 일반적으로 거품 붕괴의 영향을 받는 시장은 규모가 매우 크고 레버리지 비율도 높아서

• 미국 중앙은행은 투자자산과는 다르게 부채 상환 문제를 정책 대상으로 고려하지 않는다. 테일러 준칙Taylor Rule(1993년 존 B. 테일러가 최초로 제안한 테일러 준칙은 중앙은행에서 금리를 결정할 때 기준으로 삼는 공식으로, 인플레이션과 총생산을 고려하여 명목 금리를 정한다)에서 부채는 전혀 찾아볼 수 없다.

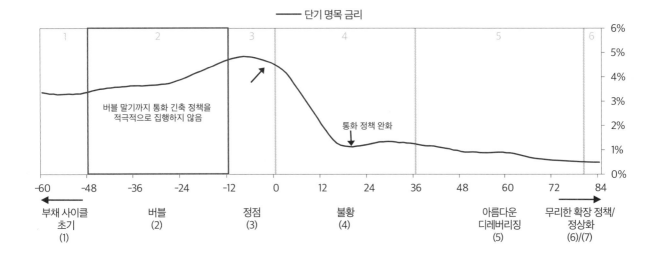

단기 명목 금리

버블 말기까지 통화 긴축 정책을
적극적으로 집행하지 않음

통화 정책 완화

| -60 | -48 | -36 | -24 | -12 | 0 | 12 | 24 | 36 | 48 | 60 | 72 | 84 |

부채 사이클
초기
(1)

버블
(2)

정점
(3)

불황
(4)

아름다운
디레버리징
(5)

무리한 확장 정책/
정상화
(6)/(7)

축적된 부채 손실이 시장에 위험을 안길 수도 있다. 이제 부채 손실은 경제 전체를 흔들 만큼 매우 위협적인 요소가 되는 것이다.

버블 징후 포착

버블의 규모, 주식과 부동산 등 자산 종류에 따른● 버블 붕괴 방식 등은 사례마다 세부적으로 차이는 있지만, 버블 경제는 많은 공통점을 보인다. 버블은 논리적인 인과관계에 따라 나타난 결과물이므로, 연구를 통해 충분히 이해할 수 있다. 버블이 어떻게 형성되는지 머릿속에 뚜렷하게 그릴 수 있으면 버블을 구별하기는 훨씬 수월해진다.

대형 부채 위기가 발생하기 전에 위기의 징후를 포착하려면 전 세계 대형 시장 중 어떤 시장에 버블이 끼어 있는지 파악해야 한다. 그다음 버블이 터질 때 어떤 연결 요소들이 영향을 받는지 살펴봐야 한다. 여기에서 자세한 분석 방법을 다루지는 않겠지만, 가장 결정적인 버블의 징후는 다음과 같다.

• 가격이 통상의 기준보다 높다.
• 가격은 높은 수준이지만 미래에 있을 가격 상승에 비해 낮게 평가되어 있다.

● 2008년 미국의 금융 위기 때, 사람들은 레버리지를 대폭 늘려 주거용 부동산과 상업용 부동산, 사모펀드, 낮은 신용등급의 채권, 일부 상장주식 같은 자산을 비싼 가격에 사들였다. 미국의 대공황과 일본의 디레버리징 시기에도 주식과 부동산은 대출에 힘입어 비싼 가격에 거래되었다.

- 낙관적인 심리가 만연해 있다.

- 자산 구매 자금을 부채에 의존해 레버리지 비율이 높다.

- 매수자들은 미래의 가격 상승에 투기하기 위해, 또는 그로부터 자신을 보호하기 위해 선물거래를 이례적으로 확대한다(예: 재고 누적, 선물 계약 체결).

- 예전에 없었던 매수자들이 시장에 새롭게 진입한다.

- 통화 확장 정책은 버블을 키우는 역할을 하고, 통화 긴축 정책은 버블을 터트리는 역할을 한다.

체계적으로 측정된 수치에 기반해 작성된 다음 표에서 볼 수 있듯, 과거 버블 사례들은 모든 또는 거의 모든 지표를 충족했다('N/A'는 해당 데이터가 적절치 못함을 뜻한다).

과거 버블 사례의 기준 적용

	미국 2007년	미국 2000년	미국 1929년	일본 1989년	스페인 2007년	그리스 2007년	아일랜드 2007년	한국 1994년	홍콩 1997년	중국 2015년
1. 가격이 통상의 기준보다 높은가?	Yes	Yes	Yes	Yes	Yes	Yes	Yes	Yes	Yes	Yes
2. 가격이 미래에 있을 가격 상승보다 낮게 평가되어 있는가?	Yes	Yes	Yes	Yes	Yes	Yes	Yes	Yes	Yes	Yes
3. 자산 구매 자금을 부채에 의존해 레버리지 비율이 높은가?	Yes	Yes	Yes	Yes	Yes	Yes	Yes	Yes	N/A	Yes
4. 매수자 또는 기업이 선물 계약을 하는가?	Yes	Yes	N/A	Yes	No	Yes	No	Yes	Yes	No
5. 신규 시장 참여자들이 시장에 진입했는가?	Yes	Yes	N/A	Yes	No	Yes	Yes	Yes	N/A	Yes
6. 낙관적인 심리가 만연해 있는가?	Yes	Yes	N/A	Yes	No	No	No	N/A	N/A	Yes
7. 긴축 정책이 버블을 터트릴 위험이 있는가?	Yes	Yes	Yes	Yes	Yes	Yes	No	No	Yes	Yes

한 가지 징후만을 보고 부채 위기가 임박했다고 판단하는 것은 위험하다는 점을 분명히 밝힌다. GDP 대비 부채 비율이나 부채 원리금 상환 비율은 유용하기는 하지만 적절한 징후라고 하기는 어렵다. 왜냐하면 부채 위

기를 더 잘 예측하려면 경제 주체별 부채 상환 능력을 세세하게 살펴볼 필요가 있는데, 이런 개별적인 부채 상환 능력은 GDP 대비 부채 비율이나 부채 원리금 상환 비율 같은 평균치를 통해서는 드러나지 않기 때문이다. GDP 대비 부채 비율이나 부채 원리금 상환 비율이 높다고 해서 모두 문제가 되는 것은 아니다. 좀 더 구체적으로 말해, GDP 대비 부채 비율이나 부채 원리금 상환 비율이 높은 경우 부채 수준이 특정 경제 주체에 집중되어 있으면 문제가 될 수 있다. 하지만 그런 비율들이 높더라도 부채 수준이 경제 전반에 잘 분산되어 있으면 그다지 문제가 되지 않는다.

정점

높은 레버리지에 기대어 자산을 매입하여 가격이 상승하고, 시장에 매수세가 팽배해져 레버리지 비율과 자산 가격이 지나치게 높아지면, 이제 정반대 방향으로 돌아설 시기에 다다른 것이다. 일반적으로 지금보다 좋을 수 없을 만큼 모든 게 완벽하게 돌아가고, 모든 사람이 앞으로 상황이 더 좋아질 거라고 믿게 되는 순간이 바로 시장의 정점이다.

시장이 정점을 찍게 되는 계기는 다양하지만, 대개 중앙은행이 금리를 인상하면서 긴축 정책 카드를 꺼내들 때이다. 버블 자체로 인해 긴축이 유발되는 경우도 있다. 경제 성장률과 인플레이션율은 상승하지만 생산 능력에 따른 제약이 경제를 옥죄기 때문이다. 예를 들어 외국 자본에 대한 의존도가 높은 국가의 경우, 외부적 요인에 의해 대출금 상환 요청을 받게 되면 유동성 압박과 긴축을 경험하게 된다. 부채 표시 통화에 대해 통화 긴축 정책이 시행되면 외국 자본이 철수하는 빌미로 작용하여 압박을 경험할 수 있다. 국내 경제 사정과는 무관한 원인으로 긴축이나 압박이 발생할 수 있다는 말이다(예. 외환 보유국의 경기순환이 해당 기축 통화의 유동성에 압박을 가하는 경우, 금융 위기가 자본 철수의 원인을 제공하는 경우). 부채로 표시된 통화와 소득으로 들어오는 통화가 다를 경우, 전자의 통화 가치가 후자의 통화 가치에 비해 상대적으로 오르면 매우 심각한 압박이 유발될 수 있다. 여러 가지 이유로 예상치 않게 현금 흐름이 악화될 경우 부채 위기가 유발되는 경우도 있다.

부채 상환 압박의 원인이 무엇이든, 상환 압박은 주식 등 자산 가격의 하락을 초래한다. 그리고 채권자들은 빌려준 돈을 돌려받지 못할까 전전긍긍하기 시작하면서 음(−)의 '자산효과^{Wealth effect}(자산 가격이 상승하면 소비도 증가하는 현상)•로 이어진다. 채무자들은 새로 빌린 돈을 점차 빚을 갚는 데 사용하고, 대출이 연장되지 않아 상환 압박에 시달리며 지출을 줄이게 된다. 미래 현금 흐름을 지나치게 낙관적으로 전망한 후 레버리지를 활용하여 비싼 가격에 투자자산을 사들인 사람들은 전형적으로 이러한 문제에 시달린다. 신용과 부채 문제는 경기가 정점을 찍기 약 6개월 전부터 조짐을 드러내기 시작하는데, 특히 재정적으로 취약하고 허황된 소비를 한 사람들의 주머니부터 파고든다. 고위험 채무자들이 원리금 상환을 연체하기 시작하면 채권자들도 슬슬 우려하기 시작한다. 신용 스프레드는 점차 벌어지고 위험 대출도 줄어든다. 위험자산에서 안전자산으로 자금이 옮겨가면서 경기 위축이 광범위해지는 계기를 제공한다.

일반적으로 부채 사이클 정점 초기에는 단기 금리의 상승으로 장단기 금리 차(장단기 금리 차는 장기간 자금을 빌려준 대가로 받는 추가 금리를 의미)가 좁혀지거나 거의 없어져 대출을 내주려는 유인이 크게 줄어들게 되면서 현금을 보유하려는 유인이 상대적으로 커진다. 그러다 수익률 곡선이 완만해지거나 역전되면(단기 금리와의 상대적 관계에서 장기 금리가 상대적으로 최저점에 놓이게 되면) 현금을 확보하려는 유인이 현실화된다. 바로 이 시점이 버블이 터지기 직전으로, 신용 성장이 둔화되면서 음의 자산효과와 관련해 앞서 말한 과정이 촉발되기 직전의 상황이 된다.

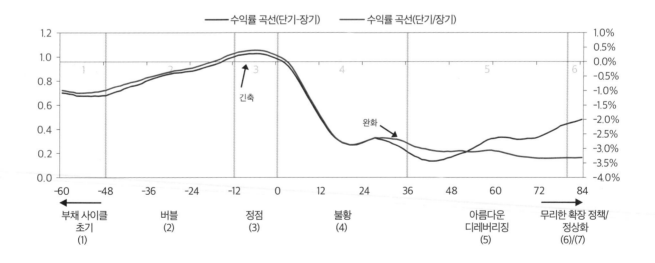

• 음의 '자산효과'는 보유자산의 가치가 하락하면서 대출과 소비가 감소하는 현상을 말한다. 담보 가치가 하락하면 대출이 감소하는데, 이때 나타나는 부정적인 투자 심리와 재정 상태의 악화가 음의 '자산효과'를 일으키는 원인이다.

사이클의 정점 초기에는 신용체계에 약간의 문제가 생기지만, 다른 부분은 여전히 탄탄해서 경기가 취약해지고 있는지 명확하게 드러나지 않는다. 중앙은행이 계속해서 금리를 인상하고 신용을 축소하는 동안, 경기 침체의 씨앗은 곳곳에 흩뿌려진다. 일반적으로 주식시장이 고점을 찍기 5개월 전부터 긴축이 빠르게 진행된다. 수요가 생산성을 끌어올리면서 금리가 높아도 경제는 원활하게 돌아간다. 실업률은 사이클에서 저점에 놓이게 되고, 인플레이션은 상승한다. 단기 금리가 상승하면 현금은 보유하기에 더 매력적인 자산이 된다. 그뿐 아니라 단기 금리의 상승은 미래의 현금 흐름을 현재가치로 계산하는 데 활용되는 할인율을 높여준다. 그렇게 되면 위험자산의 가격이 하락하게 되고 결국 대출은 둔화된다. 신용으로 물건을 살 때에는 전보다 비싼 비용을 내야 하므로 수요도 감소한다. 일반적으로 단기 금리가 고점을 찍으면 불과 몇 개월 사이에 주식시장도 고점을 찍는다.

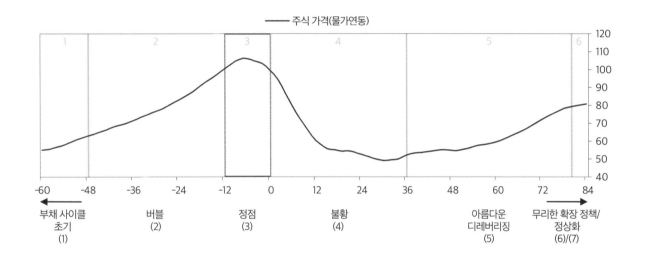

레버리지 비율이 높고 가격이 높을수록 약간의 긴축이 가해져도 버블은 쉽게 터져버리고, 붕괴의 여파는 훨씬 강해진다. 경기 침체의 강도를 가늠하려면 긴축 정책의 강도보다는 경제 각 부문의 긴축 민감도와 손실의 크기를 이해하는 것이 중요하다. 단순히 경제 전체의 평균으로 판단하기보다는 주요 경제 부문을 하나씩 떼어내 관찰하고, 부문별로 대표적인 시장 참여자들을 분석해야 긴축 정책의 영향을 제대로 파악할 수 있다.

버블이 붕괴한 직후에는 자산효과가 통화 정책보다 경제 성장률에 훨씬 막대한 충격을 안긴다. 사람들은 자산효과를 과소평가하는 경향이 있다. 버블이 붕괴하기 시작할 때, 사람들은 주가가 하락해도 실적은 아직 양호하다는 이유로 주가 하락 시점을 매수할 적기로 여긴다. 그리고 과거 실적과 예상 실적을 고려하면 현재 가격이 저렴하다고 잘못된 판단을 한다. 앞으로 다가올 경기 침체와 실적 감소 가능성을 미처 생각하지 못하는 것이다. 하지만 경기 하강은 자기 강화적으로 진행된다. 먼저 자산 가격이 하락하고, 이어서 소득이 감소하면서 신용도가 떨어져 대출이 제한된다. 이는 소비에 타격을 주고 투자를 감소시키며, 굳이 대출을 받아 금융자산을 매수할 이유가 사라지게 된다. 자산의 펀더멘털도 매우 취약해진다(펀더멘털은 본질적 가치를 의미한다. 기업 투자에서 펀더멘털은 기업의 재무제표 건전성과 성장 잠재력으로 판단한다). 즉 경제 활동이 줄어들면 기업은 한동안 실망스러운 실적을 낼 것이다. 결국 사람들은 자산을 내다 팔기 시작하고, 가격은 계속해서 폭락한다. 이처럼 하방 압력이 거세지면 자산 가격과 소득, 부의 가치는 급락한다.

불황

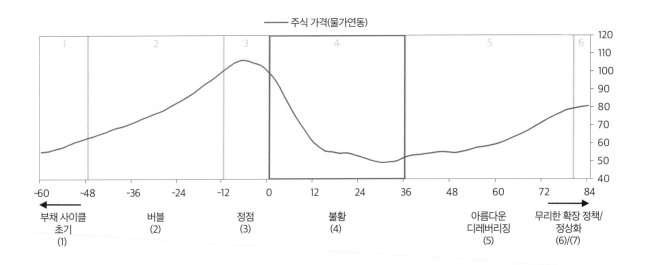

일반적인 침체기(통화 정책이 아직 효과적으로 작동하는)에는 금리 인하로 통화량과 부채 상환의 불균형을 해소할 수 있다. 1) 금리 인하는 양(+)의 자산효과를 불러오고, 2) 경제 활동을 촉진하여 3) 부채 상환 부담을 줄여주는 효과가 있다. 하지만 불황기에는 이미 금리가 0%에 가까워서 실질적으로 금리를 더 이상 내릴 수 없는 상황이다. 때문에 금리 인하 효과를 기대하기 어렵다. 외화 유출이나 통화 약세가 심한 경우에도 금리를 인하하기 어렵다. 이런 경우에는 신용 리스크나 통화 리스크가 존재하기 때문에 금리를 인하할 수 있는 하한선이 높아 금리가 0%보다 높더라도 금리를 인하할 수 없게 되는 것이다.

이러한 현상은 불황의 전형적인 공식이다. 다음 도표에서 볼 수 있듯이 1930~1932년과 2008~2009년 불황 초기에 이런 현상이 발생했다. 그나마 잘 관리된 사례인 2007~2008년 미국 연방준비제도는 1930년대의 실수(달러 페그를 금으로 방어하기 위해 통화 완화/긴축 정책을 시행)를 교훈삼아 신속하게 금리 인하를 단행했다. 그리고 더이상 금리를 인하할 수 없게 되자, 다른 대체 수단으로 경기 부양에 나섰다.

다음 도표는 디플레이션형 부채 위기 21개의 평균값을 나타낸 것으로, 0%대로 급격하게 하락한 금리 흐름을 보여준다.

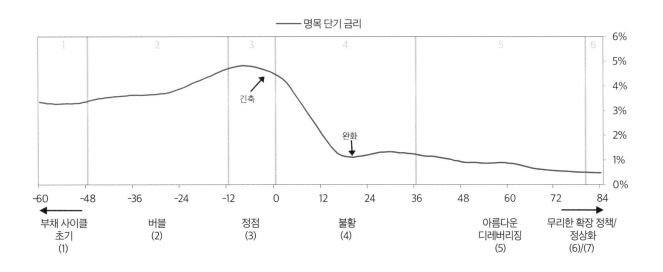

불황이 시작되면 채무 불이행과 채무 재조정으로 많은 시장 참여자가 타격을 입는다. 레버리지 비율이 높은 대출기관이 특히 심한 타격을 입는다. 불황이 시작되면 레버리지 비율이 높은 대출기관과 그 기관에 돈을 맡긴 예금주는 당연히 공포에 휩싸이는데, 공포가 자기 강화적으로 증폭되어 결국 뱅크런이 발생하기 때문이다. 일반적으로 은행들은 뱅크런에 따른 예금 인출 수요를 충족시킬 만큼 충분한 현금을 보유하고 있지 않기 때문에 정부의 보호가 없으면 뱅크런은 은행에 끔찍한 결과를 안겨준다. 이 사이클의 국면에서 금리 인하가 적절한 효과를 내지 못하는 원인은 무위험 금리 수준이 이미 바닥을 치고 있고, 신용 스프레드가 확산될수록 고위험 대출에 대한 금리가 올라 부채 상환이 어려워지기 때문이다. 금리 인하는 유동성 문제나 뱅크런에 시달리는 대출기관에 큰 도움이 되지도 못한다. 이 사이클의 국면에서는 채무 불이행과 긴축 같은 디플레이션 세력/경기 침체 세력이 두드러지기 때문에 부채 문제를 해결하기 위해 시도되는 화폐 찍어내기(예: 부채의 화폐화debt monetization) 같은 인플레이션 세력/경기 부양 세력이 디플레이션 세력/경기 침체 세력에 압도되어 양 세력 간에 균형이 이뤄지지 못한다.

투자자들이 대출을 지속하기를 꺼리고, 채무자들이 투자자산을 매각해 현금화하는 등 빚을 갚기 위해 현금을 구하려 애를 쓰는 상황에서 유동성은 중대한 골칫거리로 부상한다. 예를 들어, 평상시에 10만 달러 채권을 보유하고 있다면 10만 달러의 현금으로 교환하고, 그 현금으로 10만 달러어치의 상품과 서비스를 살 수 있다고 생각할 것이다. 그러나 많은 사람이 금융자산을 현금으로 바꿔서 재화나 서비스를 구매하는 데 사용하려는 이유는 이런 어려운 시기에는 금융자산과 현금이 일대일로 교환될 수 없기 때문이다. 그러므로 중앙은행은 돈을 더 찍어내어 필요한 유동성을 시장에 공급하든지, 아니면 채무 불이행이 늘어나도록 방관하는 양자택일의 상황에 놓이게 된다.

불황이 원인이 되어 지급 능력 문제나 현금 흐름 문제가 유발될 수 있다. 아니면 역으로 지급 능력 문제나 현금 흐름 문제가 원인이 되어 불황이 유발될 수 있다. 불황기에는 지급 능력의 문제와 현금 흐름 문제가 동시에 발생하는 것이 일반적이다. 지급 능력 문제는 회계 규정이나 규제 규정에 맞게 기업을 운영하기 위한 자기자본이 부족하다는 것을 의미하며, 이는 파산을 야기한다. 따라서 이 시기에 회계 법규는 부채 문제에 큰 영향을 미친다. 반면 현금 흐름 문제는 금융기관에 현금이 충분치 않은 데 그 원인이 있고, 해당 기관에 대출을 내준 상위 금융기관이 대출을 회수하는 등 인출 사태가 그 배경이 된다. 현금 흐름 문제는 자본금을 적절한 수준으로 보유하고 있는 경우에도 발생한다. 왜냐하면 자본을 비유동자산에 투자하는 데 사용해 현금이 부족한 경우에 발생하기 때문이다. 현금 흐름이 고갈된다는 것은 시급하고 중대한 문제이다. 그러므로 현금 흐름 문제는 부채 위기의 뇌관이자 핵심 쟁점이 된다.

두 가지 문제를 해결하려면 각기 다른 접근법을 써야 한다. 지급 능력 문제는 채무자가 자기자본이 부족해서 발생하는 문제이므로, 충분한 자기자본을 공급하거나 회계 기준과 규제를 완화하여 문제가 드러나지 않게 하면 된다. 부채가 자국 통화로 표시된 경우, 정부는 재정 정책으로 문제를 직접 해결하거나, 현명한 통화 정책을 통해 간접적으로 해결할 수 있다. 마찬가지로 현금 흐름 문제는 재정 정책이나 통화 정책을 통해 현금을 공급하거나 지급 보증을 통해 해결할 수 있다.

1980년대와 2008년에 발생한 부채 위기를 비교해보면 이러한 정책이 적절했는지 확인해볼 수 있다. 1980년대에는 은행들이 2008년처럼 지급 능력이 떨어지진 않았는데, 그 원인은 당시 문제가 된 대출 상품들이 지금처럼 공개 시장에서 매일 거래되지 않았기 때문에 시가평가 회계제도Mark-to-market accounting(자산의 가치를 매입가(장부가)가 아닌 시가에 기초하여 평가하는 회계를 말한다)가 일반적이지 않았다는 데 있다. 반면 시가평가 회계제도가 보편화된 2008년에는 정부의 자본금 투입과 보증을 통해 은행들의 재무상태표를 개선해야 했다. 두 위기는 대응 방식이 달랐지만, 모두 성공적으로 극복되었다.

부채 사이클이 '불황' 국면에 들어서면 경기 위축은 한층 심화되고, 당국은 지난 불황을 경험하며 학습한 여러 방식으로 위기에 대응하기 시작한다. 예를 들어 은행 예금 보험을 제공하고, 최종 대부자로서 금융 지원을 제공하거나 지급을 보증하고, 시스템적으로 중요한 금융기관에 공적 자금을 투입하거나 해당 기관을 국유화하는 등의 방식이 도입된다. 이러한 대응 방식은 어느 정도 도움이 되긴 하지만, 근본적으로 위기를 해결하지는 못한다. 부채 위기의 원리를 제대로 검토하지 않았기 때문이다. 일반적으로 대출의 상당수가 규제에서 벗어나 있는 '그림자 금융'이거나, 위험을 예측하기 어렵고 규제를 덜 받는 새로운 상품의 형태로 나타난다. 이런 새로운 현실에 맞서 부채 위기가 어떻게 결론지어지는가에 대한 문제는 정책 입안자들의 의사결정 역량과 최선의 정책을 추진할 수 있게 하는 시스템의 자율성에 달려 있다.

어떤 사람들은 불황을 심리적인 문제로 오해한다. 불안해진 투자자들은 자금을 주식과 고수익 채권 같은 위험자산에서 국채와 현금 같은 안전자산으로 옮긴다는 논리이며, 반대로 투자 심리가 개선되어 투자자들이 다시 자금을 위험자산으로 옮기면 경제가 회복할 수 있다는 논리이다. 하지만 이러한 주장이 틀린 이유로 두 가지를 들 수 있다. 첫째, 사람들의 생각과 다르게 디레버리징은 심리가 아니라 주로 신용과 돈, 재화와 서비스 사이의 관계 그리고 수요와 공급을 통해 진행된다. 물론 다양한 시장 참여자들이 유동성 문제를 겪을 때는 심리적 영향을 받기도 한다. 하지만 시장 참여자들이 모두 지난 과거를 잊고 심리적 영향을 받지 않는다고 가정하더라도 결국은 동일한 행동을 할 것이다. 채무자들의 부채 상환 부담이 벌어들이는 소득을 훌쩍 넘어섰기 때문이다. 정부 역시 똑같은 결정을 내리고 똑같은 결과를 마주하게 될 것이다.

중앙은행이 부족한 현금을 충당하기 위해 더 많은 돈을 찍어내면 돈의 가치가 떨어져, 빌려줬을 때보다 돌려받을 때 돈의 가치가 낮아질지도 모른다는 채권자들의 우려는 현실이 된다. 어떤 사람들은 시중에 존재하는 통화량은 그대로이므로 위험자산에서 안전자산으로 자금이 옮겨갈 뿐이라고 생각하지만, 이는 사실이 아니다. 일반적으로 돈이라고 여겨지는 것은 사실 신용이다. 신용은 호황기에 난데없이 나타났다가 불황기에는 자취를 감춘다. 예를 들어, 신용카드로 가게에서 물건을 사는 행위는 사실상 '나중에 돈을 내겠다'라고 말하는 것과 같다. 손님과 가게 주인은 신용자산credit asset과 신용부채credit liability를 생산해낸다. 그렇다면 돈은 어디에서 가져와야 할까? 그럴 필요가 없다. 이미 신용이 창출되었기 때문이다. 신용이 사라지는 방식도 마찬가지다. 만일 가게 주인이 의심한다면 어떻게 될까? 손님이 신용카드 회사에 대금을 지급하고 신용카드 회사가 가게 주인에게 돈을 내줄 것이라는 믿음이 사라지면, 가게 주인에게 신용자산은 더 이상 존재하지 않는 것이 된다. 이때 신용은 어딘가로 옮겨가는 게 아니라 그냥 증발해버린다.

이처럼 디레버리징이 진행되면 사람들은 재산이라고 여겼던 것 대부분이 그저 돈을 주겠다는 약속에 불과하다는 사실을 깨닫는다. 약속이 지켜지지 않으면 재산은 더 이상 존재하지 않는다. 현금을 확보하기 위해 투자자산을 현금화하는 데 실패한다면 투자자들은 공포에 질린 나머지 유가증권을 헐값에 팔아치우고 돈을 한꺼번에 찾으려 한다. 뱅크런을 경험하게 되는 곳은 대부분 단기 자금에 기대는 금융기관들이지만, 직격탄을 맞는 곳은 주로 은행이다. 고객들이 일제히 현금 인출을 요구하면 은행들은 자금 조달과 신용 창출에 어려움을 겪게 되고, 결국 채무 불이행이 속출한다.

채무 불이행과 채무 재조정은 많은 빚을 진 사람들, 특히 레버리지를 활용하는 대출기관에 큰 타격을 주고, 공포는 금융 시스템 전체로 퍼져나간다. 공포는 또 다른 공포를 낳고 현금을 차지하려는 쟁탈전이 벌어진다. 그리고 얼마 안 가 현금이 부족해지면 유동성 위기가 대두된다. 유동성 위기가 발생하는 과정은 다음과 같다. 우선 채무자들이 벌어들이는 소득과 신규 대출로도 기존 대출을 갚기 어려워진다. 그래서 자산을 매각하고 지출을 줄여 현금을 조달하는 수밖에 없다. 이로 인해 자산 가치는 하락하고 담보 가치도 함께 하락해 소득까지 줄어든다. 채무자의 신용도는 1) 부채 대비 자산 또는 담보 가치(예: 순자산), 2) 부채 원리금 대비 소득으로 결정된다. 순자산과 소득이 부채보다 빠른 속도로 감소하기 때문에 채무자들의 신용도는 하락하고, 채권자들은 대출을 꺼리게 된다. 그리고 이러한 악순환은 자기 강화적으로 일어난다.

불황 국면에는 부채를 줄이려는 실질적인 노력 없이 화폐를 찍어내기 때문에 부채 감축(예: 채무 불이행과 채무 재조정)에 따른 디플레이션 세력이 시장에 두드러지게 나타난다. 한 사람의 부채는 다른 사람의 자산이기 때문에 자산 가치가 폭락하면 재화와 서비스, 투자자산에 대한 수요도 대폭 줄어들 수 있다. 부채 탕감이 효과를 내려면 채무자가 재조정된 대출을 상환할 수 있을 만큼 부채 탕감의 폭이 커야 한다. 부채의 30%를 탕감할 경우, 채권자의 자산 가치도 그만큼 줄어들게 된다. 이것만으로도 상당한 규모인 듯하지만, 실제로 미치는 영향은 훨씬 더 크다. 채권자들은 대부분 레버리지를 이용해 자산을 매입하기 때문에 부채의 30%를 탕감하면 순자산에 미치는 충격은 배가 될 수 있다. 예를 들어, 레버리지 비율이 2:1인 채권자의 순자산은 60%나 감소하게 된다. 채권자가 빚을 얻어 매입한 자산 가치는 순자산의 2배이므로, 자산 가치 하락이 채권자에게 미치는 충격은 2배가 되는 것이다.• 일반적으로 은행들의 레버리지 비율은 12:1 또는 15:1에 달하므로 부채의 30%를 탕감한다면 은행은 물론이고 경제 전반에 미칠 충격은 상당히 클 것이다.

순자산 대비 가계 부채비율(%)

• 계산 방법은 다음과 같다. 레버리지 비율이 2:1이면 자산 가치가 순자산의 2배라는 뜻이다. 자산이 100달러이고 부채가 50달러라고 가정해보자. 이때 순자산은 50달러다. 자산 가치가 30% 하락하면 자산은 70달러로 줄어들지만, 부채는 그대로 50달러이므로 순자산은 20달러가 된다. 자산 가치가 30% 하락했지만, 순자산은 50달러에서 60%나 하락한 것이다. 레버리지 비율이 2:1이면 자산 가격 하락이 순자산에 미치는 영향은 2배가 된다. 마찬가지로 레버리지 비율이 3:1이면 영향은 3배가 된다.

부채가 탕감되더라도 소비와 소득이 줄어들면서 부채 부담은 늘어난다. 앞의 도표에서 볼 수 있듯이 순자산 대비 부채 수준도 상승한다. 소득 대비 부채 비율과 순자산 대비 부채 비율이 상승하고, 신용 가용성이 하락하면서, 하강 국면에서 신용 경색은 자기 강화적으로 심화된다.

불황기에는 주식 가격이 반 토막 날 정도로 투자 포트폴리오 가치가 폭락하기 때문에 자본가-투자자 계급은 실제로 엄청난 규모의 재산을 잃는다. 소득은 줄어들고 세금 부담도 높아진다. 그 결과 자본가-투자자 계급은 매우 방어적으로 움직이게 된다. 때로는 세금을 회피하기 위해 돈을 국외로 반출하여 저위험 국채나 금, 현금처럼 유동성이 높고 신용에 좌우되지 않는 안전자산에 투자하려는 모습을 보인다. 자본이 국외로 빠져나가면 통화는 약세를 띤다.

물론 금융 경제뿐만 아니라 실물 경제도 어려움을 겪는다. 통화 정책이 한계에 이르면서 신용 감소세를 억제하지 못하여 경제적·사회적으로 혼란이 일어난다. 노동자들은 일자리를 잃고 소득이 줄어들면서 고통받는다. 열심히 일하며 가족을 부양했던 사람들까지 좋은 일자리를 잃게 되면서 정부 보조금에 의존해야 하는 극빈층으로 전락한다. 사람들은 주택담보대출^{Mortgage}을 갚지 못하게 되어 집을 잃고, 은퇴 자금은 반 토막 나고, 차곡차곡 모아둔 학자금은 생활비로 사용된다. 정책 입안자들이 새로운 형태의 통화 확장 정책으로 불황에 따른 디플레이션 압력을 상쇄하지 않는 한, 이러한 상황은 수년간 지속될 수 있다.

불황 극복

앞서 언급했듯이 정책 입안자들은 다음 네 가지 정책 수단을 통해 부채 부담을 줄일 수 있다.

1) 긴축

2) 채무 불이행과 채무 재조정

3) 화폐 찍어내기(부채의 화폐화, 양적 완화)

4) 가진 자에게서 없는 자에게로의 부의 재분배

이러한 정책 수단들을 잘 활용하면 불황이 가져오는 최악의 상황을 피하고, 피해를 본 채권자와 채무자의 경제 상황을 관리할 수 있다. 하지만 네 가지 정책 수단이 경제와 신용도에 다른 영향을 준다는 점을 이해해야 한다. 핵심은 네 가지 정책 수단을 적절하고 올바르게 조합하는 것이다. 네 가지 정책 수단이 각각 디플레이션 효과나 경기 침체 효과가 있는지, 아니면 인플레이션 효과나 경기 부양 효과가 있는지를 고려해 디플레이션 세력/경기 침체 세력과 인플레이션 세력/경기 부양 세력 간의 균형을 맞추는 정책 조합을 찾아야 한다.

불황 초기에는 일반적으로 정책 입안자들이 긴축, 화폐 찍어내기, 부의 재분배로부터 올바른 정책 조합을 찾지 못한다. 채무자들과 금융기관들이 과다한 빚으로 부채 위기를 초래했으므로 납세자들은 분노할 만하다. 게다가 사실상 납세자들이 낸 세금인 공적 자금으로 구제 금융을 진행하는 것이니 더더욱 탐탁지 않을 것이다. 정책 입안자는 채권자와 채무자가 무모하게 신용을 늘리며 '도덕적 해이Moral hazard' 문제를 키워왔다는 점에서 부채 문제가 재발하지 않으려면 둘 다 고통을 분담하는 게 옳다고 여긴다. 이런 모든 것이 원인으로 작용해, 정책 입안자가 정부 지원 정책을 주저하면서 시간만 보내는 사이에 디레버리징은 급속도로 증가하고, 그로 인한 고통은 증폭된다. 정책 조합에 경기 부양 세력을 추가하는 데 시간이 오래 걸릴수록 추악한 디레버리징은 더 추악해져만 간다.● 결국 정부는 보증, 화폐 찍어내기, 부채의 화폐화 같은 정책 수단을 동원하게 되고, 경기가 살아나면서 디레버리징의 양상은 경기 부양의 양상으로 변모한다. 정책 입안자가 올바르게 정책을 조합하는 시간이 짧아질수록 불황은 짧아진다. 대표적인 예가 2008년 미국의 부채 위기인데, 적절한 부채 위기 대응 정책으로 불황은 그리 오래 지속되지 않았다. 반면 올바르게 정책을 조합하는 시간이 길어질수록 불황은 길어진다. 1930년대 미국의 대공황과 1980년대 말 버블 이후 이어진 불황기인 일본의 '잃어버린 10년'처럼 말이다.

부채 위기에 대응할 때 가장 큰 장애물로는 두 가지를 들 수 있다. 바로 1) 정책 입안자가 대응할 방법을 잘 알지 못하는 것과 2) 필요한 정책을 수행할 권한이 부족해 정치적·법적 한계에 부딪힌다는 점이다. 즉 무지와 권한의 부재가 부채 그 자체보다 훨씬 심각한 문제이다. 훌륭한 투자 관리자가 되는 건 어려운 일이지만, 훌륭한 경제 정책 입안자가 되는 것만큼 어렵지는 않다. 투자자는 경제의 작동 원리를 이해하고 앞으로 벌어질 일을 예측하기만 하면 된다. 반면 정책 입안자는 그에 더해 모든 정치적 장애물을 뚫고, 무엇을 해야 할지 파악해 전반적으로 경제가 잘 돌아가도록 만들어야 한다. 그러기 위해서는 역량과 용기뿐 아니라 지적 능력, 투쟁 정신, 정치적 수완 등이 두루 필요하다. 이 모든 걸 다 갖추었다고 해도 업무상 제약으로 인해 성공적인 정책

● 디레버리징 과정에서 부채 축소와 긴축이 도움이 되지 않는다는 말이 아니다. 도움이 된다. 하지만 경기 부양의 효과가 있는 화폐 찍어내기, 화폐화, 보증 등의 정책 수단이 동반되지 않으면 부채 축소와 긴축만으로는 경제를 회복시키기 역부족이며, 엄청난 고통까지 뒤따르게 된다.

입안자가 되지 못하는 경우도 있다.

이제 네 가지 정책 수단을 하나씩 짚어보고 불황 국면에서 어떻게 활용되는지 살펴보자.

긴축

일반적으로 불황 국면에서 정책 입안자들은 긴축부터 시도한다. 위기를 자초하고 타인에게 손해를 입힌 주체가 비용을 부담하는 것이 당연하다고 여기기 때문이다. 문제는 강도 높은 긴축 정책을 시행한다고 해서 부채와 소득이 균형을 이루지는 않는다는 점이다. 지출을 줄이면 소득도 줄어든다. 따라서 매우 고통스러울 정도로 허리띠를 졸라매며 소비를 대폭 줄여야 소득 대비 부채 비율을 의미 있는 수준으로 줄일 수 있다.

일반적으로 경기가 위축되면 정부 세입이 줄어들지만, 정부 지출은 오히려 늘어난다. 그 결과 재정 적자는 확대된다. 이때 정부는 재정 건전성을 높일 목적으로 세금을 인상한다.

긴축과 세금 인상은 모두 큰 실책이다.

출혈을 막고 경기를 부양하기 위한 화폐 찍어내기

불황 국면에서는 정부의 보호를 받지 않는 대출기관들을 중심으로 뱅크런이 일어나게 된다. 이때 중앙은행과 정부는 어떤 예금자와 채권자를 보호하고 구제할지, 어떤 금융기관이 시스템적으로 중요한지 결정해야 한다. 경제와 금융시장의 안정성을 극대화하는 동시에 정부와 납세자가 감당해야 할 비용을 최소화하는 방향으로 경제 주체들을 구제할 방법도 고민해야 한다. 이 시기에는 온갖 형태의 정부 보증이 시스템적으로 중요한 금융기관들에게 제공되고, 일부 기관은 국유화되기도 한다. 이러한 정책이 얼마나 빠르고 순조롭게 진행될지는 많은 법적 · 정치적 요소에 달려 있다. 필요한 자금은 정부 예산과 중앙은행이 찍어낸 돈으로 충당된다. 정도는 다르지만, 정부는 불가피하게 이 두 가지 방식으로 자금을 조달한다. 정부가 자금을 지원하는 대상은 일부 중요한 은행뿐 아니라, 중요하다고 판단되는 비은행 기관도 포함한다.

다음으로는 신용경색^{Credit crunch}(금융기관이 미래 불확실성을 대비하기 위해 돈을 제대로 공급하지 않아 기업들이 자금난을 겪는 현상)을 완화하고 경기를 부양하는 단계를 거친다. 불황 국면에서 정부는 세금과 국채 발행을 통해 자금을 조달하는 데 어려움을 겪는다. 이때 중앙은행은 돈을 추가로 찍어내어 국채를 사들이는 방안과 정부와 민간 부문이 한정된 통화를 확보하기 위해 서로 경쟁하도록 놔두는 방안 중에서 선택해야 한다. 하지만 후자는 자금난을 악화시킬 뿐이므로, 결국 중앙은행은 화폐 찍어내기에 나선다.

일반적으로 불황 초기에 소극적으로 대응하여 불균형을 바로잡지 못하고, 추악한 디레버리징을 아름다운 디레버리징으로 전환하는 데 실패하면 중앙은행은 점차 찍어내는 화폐의 규모를 확대한다. 이런 초기 정책에 힘입어 금융시장은 반짝 상승하고, 경제 활동이 활발해지면서 일시적이지만 안정기에 접어들기도 한다. 대공황 시절에는 무려 89%나 하락한 주식시장이 여섯 번 반등하며 주가를 16~48% 정도 끌어올렸다. 이러한 반등은 모두 근본적인 불균형을 해소하려는 정부 정책으로 촉발된 것이다. 화폐 찍어내기와 자산 인수, 정부 보증 같은 정책으로 전환한 후 적절히 관리하면, '불황/추악한 디레버리징' 국면에서 '확장/아름다운 디레버리징' 국면으로 넘어갈 수 있다. 다음 도표는 1930년대와 2008년 이후 미국에서 찍어낸 화폐량을 보여준다.

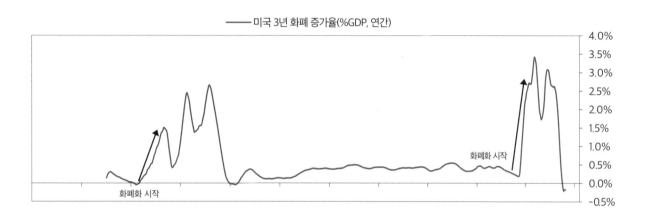

디레버리징에서 가장 중요한 것은 통화 확장 정책이지만, 그것만으로는 충분하지 않을 때가 많다. 시스템적으로 중요한 금융기관들이 파산할 위험에 처하면 정책 입안자는 이런 기관들이 계속 영업할 수 있도록 다음과 같이 신속하게 대처해야 한다.

- **공포 해소와 지급 보증**: 예금보험에 따른 보장 금액을 확대하고 부채 인수 범위도 확대할 수 있다. 파산할 경우, 금융시장과 경제의 지속성을 위협할 만큼 시스템적으로 중요한 금융기관들에 중앙은행은 자금을 수혈할 수 있다. 정부는 예금을 동결하여 은행들의 유동성을 유지할 수도 있다. 이러한 방법은 공포를 조장하기 때문에 그다지 바람직하진 않지만, 유동성을 공급할 다른 방법이 없을 땐 꼭 필요한 조치이다.

- **유동성 공급**: 민간 신용이 줄어들고 유동성이 부족해지면, 중앙은행은 인정되는 담보물의 범위를 늘려 대

출을 확대한다. 그리고 일반적인 대출기관이 아닌 다양한 금융기관에도 대출을 확대해 금융 시스템에 충분한 유동성이 공급될 수 있도록 할 수 있다.

- **시스템적으로 중요한 기관들의 지급 능력 지원**: 우선 정부는 민간 부문이 문제를 해결할 수 있도록 이끌어야 한다. 부실한 은행과 건실한 은행의 합병을 지원하고, 민간 부문에 더 많은 자본이 투입되도록 관련 정책을 추진할 수 있다. 회계 규정을 조정하여 즉각적인 자본 수요를 줄여 지급 능력을 유지하고, 기관들이 문제를 스스로 해결할 시간을 벌어줄 수도 있다.

- **시스템적으로 중요한 금융기관의 자본 재구성, 국유화, 손실 보전**: 위 세 가지 방법이 시스템적으로 중요한 금융기관의 지급 능력 문제를 처리하기에 역부족이라면, 정부가 나서서 부실 은행의 자본 구성을 재편해야 한다. 위기가 악화되지 않게 하려면 무엇보다 채권자들을 안정시키고 신용 공급을 유지하는 것이 중요하다. 지금 당장 돈을 벌지 못한다는 이유로 금융 시스템의 배관이나 다름없는 금융기관들이 파산하도록 놔둘 수는 없는 노릇이다. 불황기에 항구가 파산해서 선적항을 잃게 된다면 어떻게 될까? 항구를 계속 운영해서 배들이 드나들도록 만들고 싶다면, 국유화나 대출, 자본 투입 등 가능한 모든 수단을 동원해 어떻게든 항구를 지켜야 한다.

채무 불이행과 채무 재조정

궁극적으로 미래의 현금과 신용 흐름을 확보하고 경제적 번영을 되찾으려면 기존의 악성 부채를 정리하는 과정이 무엇보다도 중요하다. 정책 입안자는 부채 처리 과정이 질서정연하게 흘러가도록 감독하는 동시에 경제적·사회적 안정을 보장해야 하는 어려움에 직면한다. 적절하게 관리된 사례들은 다음 네 가지 유형으로 구분할 수 있다. 1) 정책 입안자가 신용 문제의 심각성을 빠르게 파악하는 유형, 2) 금융기관이 파산할 경우 신용도가 높은 채권자와 채무자에 미칠 악영향에 따른 리스크뿐 아니라 부실 금융기관이 파산하도록 놔두는 게 이득인지, 구조조정이 이루어지도록 하는 게 이득인지까지 종합적으로 분석한 후 비용이 많이 드는 기관의 경우에는 선별하여 구제하는 유형, 3) 정책 입안자는 탄탄한 신용 통로credit pipes를 만들거나 되살려 신용도가 높은 채무자들이 돈을 빌릴 수 있도록 지원하는 유형, 그리고 4) 악성 부채를 정리하는 동안 적정한 성장과 인플레이션이 유지될 수 있도록 보장하는 유형이다. 정책 입안자는 금융 시스템을 바꿔 근본적인 부채 문제의 원인을 찾아 고칠지, 아니면 장기적인 관점에서 감당할 수 없는 수준으로까지 부채 부담이 커지지 않도록 단순히 부채를 재조정하여 국민과 오랜 시간에 걸쳐 고통을 분담할지를 신중하게 결정해야 한다.

이러한 과정은 하루아침에 일어나지 않는다. 일반적으로 불황 초기에 정책 입안자는 문제의 심각성을 제대로 알아차리지 못해 위기를 극복하기에는 턱없이 부족한 일회성 정책만 내놓는다. 수년간 불필요한 경제적 고통을 겪고 나서야 마침내 결단력 있는 행동을 취한다. 정책 입안자의 신속하고 단호한 대응은 불황의 강도와 기간을 결정짓는 중요한 요인이다. 정부, 다양한 만기의 채권 소유자, 주주, 예금자 등 여러 경제 주체 사이에 부채 부담을 정확히 어떻게 나눌지도 중요한 문제이다.

보통 시스템적으로 중요하지 않은 금융기관은 손실을 고스란히 감수해야 하고, 이것이 여의치 않으면 파산하는 수밖에 없다. 이러한 기관들을 위한 여러 가지 해결책이 있는데, 우리가 연구한 사례의 약 80%는 건실한 기관과 합병한 것으로 나타났다. 그 외 자산을 매각하거나, 정부가 설립한 '자산관리회사^AMC'에 자산을 넘겨 작은 단위로 쪼개어 매각하기도 한다.

정책 입안자는 은행 시스템의 전반적인 안정성을 보장하는 게 중요하다고 여기고, 은행의 유동성과 지급 능력 문제를 체계적으로 검토한다. 최근 선진국을 중심으로 정부가 은행 부채를 보증하는 사례가 늘어나고 있다. 드물기는 하지만, 시스템적으로 중요한 금융기관에만 집중하지 않고 모든 은행에 공적 자금을 투입하여 자본 구성을 재편하는 사례도 있다.

예금자가 보호를 받을 수 있는 기준은 꽤 명확하다.

- **소액 예금자는 우대되며 거의 손실을 보지 않는다.** 예금보호제도^Desposit insurance scheme에 이러한 내용이 명시되어 있다. 위기가 발생하면 은행의 유동성을 보장하기 위해 보장 금액이 확대되기도 한다. 명시적인 예금보호제도가 없는 경우에도 예금자들은 우선으로 보호된다. 예금자가 손해를 감수한 경우는 연구 사례의 약 30%에 해당했는데, 대부분은 외화 예금으로 시장가보다 낮은 환율이 적용되면서 손해를 보았다.
- **금융기관이 파산하면 시스템적으로 중요한 금융기관일지라도 주주와 후순위 채권^Subordinated debt 소유자, 고액 예금자는 손해를 본다.** 선진국에서는 대체로 선순위 채권과 후순위 채권 소유자들이 보호를 받고, 자본 재구성을 통해 기존 주주들의 지분은 희석된다.
- **정책 입안자는 특히 민간 기업에 돈을 빌려주고, 자본 구성에서 소액을 차지하는 국내 채권자를 해외 채권자보다 우대한다.** 이러한 현상은 예금보험기금이 고갈되면서 나타난다. 한편 정부는 국제통화기금^IMF과 국제결제은

행^{BIS} 같은 다자 금융기관의 대출을 먼저 갚는다. 이러한 공공 기관들은 최종 대출자 역할을 하기 때문에 국가가 위기에 빠졌을 때 필요한 지원을 받을 수 있도록 관계를 유지하는 게 중요하다.

부실 금융기관들을 처리하는 과정에서 각종 규제 개혁이 잇따라 추진된다. 이러한 변화는 소소한 것도 있지만, 매우 급진적인 것도 있다. 때로는 변화로 인해 상황이 나아질 수도 있고, 악화될 수도 있다. 규제 개혁을 통해 은행 영업과 노동시장 형태를 바꿀 수 있다. 미국에서는 1930년대 예금자보호제도와 2010년 도드 프랭크 Dodd-Frank(미국이 글로벌 금융 위기로 나타난 문제점들을 해결하기 위해 2010년 7월 제정한 금융개혁법) 법과 볼커룰 Volcker rule(버락 오바마 미국 대통령이 발표한 은행자산 운용 규제책)을 도입한 바 있다. 그밖에도 은행의 신용 기준을 개선하고, 외국 은행의 국내 시장 진입을 허용하여 산업 경쟁력을 끌어올리고, 자기자본 요건을 높이고, 채권자 보호 기능을 없애는 등의 규제 개혁이 이루어지기도 한다.

정치는 규제 개혁에 큰 역할을 한다. 때로는 규제 개혁이 민간 부문의 시장 기반 인센티브 Market-based incentives 를 왜곡하여 신용이 높은 채무자들의 대출을 제한하거나, 미래 신용 위기가 발생할 위험을 키울 수 있다. 물론 규제 개혁이 적절히 이루어질 경우, 신용 흐름을 개선하고 가계 경제를 보호하여 미래의 부채 위기 가능성을 낮추기도 한다.

부실 금융기관의 자산과 일반 금융기관의 부실자산을 관리하는 방법은 두 가지가 있다. 1) 독립된 자산관리회사에 자산이 넘어가면 재조정을 거치거나 처분되는데, 연구 사례의 약 40%가 이에 해당한다. 2) 나머지 60%는 최초 대출기관의 재무상태표에 부채를 그대로 남겨 관리하는 방법이다. 부실채권을 처분하는 방법은 a) 상환 기간 연장 등을 통한 부채 재조정, b) 출자 전환 Debt-for-equity swaps(부채를 주식과 맞바꾸는 행위를 말한다. 이를 통해 채권자는 주주가 되고 경영 정상화를 거쳐 기업을 매각하고 투자금을 회수할 수 있다)과 자산동결, C) 제3자에 채권과 자산 매각, d) 증권화 Securitizations(유동성이 낮은 대출 채권을 시장에서 거래할 수 있는 증권 형태로 전환) 등 여러 가지가 있다.

자산관리회사를 이용하면 부채 문제를 빠르게 해결할 수 있다. 여러 부실채권이 한곳으로 통합되어 매각과 재조정을 거치고, 기존 은행들은 부실채권을 털어낸 후 영업을 재개할 수 있기 때문이다. 자산관리회사는 종종 시장가를 웃도는 가격으로 자산을 매입하여 은행에 유동성을 공급하기도 한다. 주로 공기업인 자산관리회사는 납세자가 부담할 비용과 자산시장의 혼란을 최소화하는 동시에, 일정 기간(10년 정도) 내에 자산을 매각하도록 법으로 규정되어 있다. 이를 위해 부실기관의 수익 자산은 신속하게 매각하고, 무수익 자산은 시간을 들여 관리한 후 매각한다. 부채 부담을 줄이기 위해 부실채권 재조정을 명시적 목표로 내세우는 자산관리회사도 있다. 보통은 직간접적인 정부의 부채 인수 형태로 자금을 지원받는데, 법률상 제약, 정치적 제약, 자금 조성상 제약 등으로 부실채권을 제대로 인지하고 재조정하는 데 어려움을 겪을 수 있다.

최초 대출기관이 정부 보증을 받은 경우, 종종 부실채권을 직접 관리하는 게 허용된다. 이때 최초 대출기관은 공공 자산관리회사에 가깝다. 그밖에 손실 금액이 너무 크지 않거나 중앙 집중형 자산관리회사를 설립할 만한 전문적인 기술이 없고, 다른 효과적인 해결 방법을 이미 찾은 경우, 부실채권은 채권자의 재무상태표에 그대로 남게 된다.

앞서 채권자와 마찬가지로 시스템적·전략적으로 중요한 채무자와 그렇지 않은 채무자는 명확히 구분되고 각각 다르게 다뤄진다.

- 정책 입안자는 시스템적으로나 전략적으로 중요한 채무자가 하나의 주체로서 계속 사업을 운영할 수 있도록 필요한 조치를 취한다. 보통은 채무 재조정을 통해 남은 부채 상환 금액을 관리할 수 있다. 채무 재조정은 출자 전환, 부채 탕감, 금리 인하의 형태로 이루어지거나, 단기 대출을 장기 대출로 전환하는 방식으로 진행된다. 정책 입안자는 채무자에게 유동성을 계속 공급하기 위해 새로운 대출 프로그램을 도입하기도 한다. 이는 부실채권을 관리하는 자산관리회사의 설립 목적 중 하나이다.
- 보통 시스템적으로 중요하지 않은 채무자는 민간 대출기관을 통해 대출 구조를 조정하거나 파산 절차를 밟게 된다.
- 가계 부채 부담을 덜어주기 위해 중앙정부가 나서기도 한다. 경기 부양 효과를 극대화하기 위해 자산관리회사는 가계의 담보를 압류하는 대신 부채 부담을 조정한다.

다음 표는 파트 3에서 자세히 다룰 48가지 역사적 사례 연구에서 앞서 설명한 정책들이 어떻게 활용되었는지 정리한 것이다.

부채 문제 해결을 위한 정책의 채택 빈도(사례 %)

유동성 공급	긴급 대출과 유동성 지원	88%
	은행 채무 보증	58%
	은행 휴무 기간 연장과 예금 동결	21%
부실 기관 대응	은행 채무 재조정과 합병	81%
	자본 재구성	73%
	국유화	60%
	예금자에게 손실 전가	29%
악성 부채 청산	자산 인수와 이전	44%
	중앙 집중형 자산관리회사 설립	38%
국가 부도와 구조조정		35%
IMF 프로그램		52%

부의 재분배

버블 시기에 벌어진 빈부 격차는 불황기에 힘들어하는 소외 계층의 분노를 일으키기 쉽다. 부자와 빈자가 정부 예산을 공유해야 하는 상황에서 불경기를 맞게 되면 경제적 · 정치적으로 갈등이 빚어진다. 이러한 시기에는 좌우 가릴 것 없이 포퓰리즘Populism(대중주의, 인기영합주의)이 득세하는 경향이 있다. 국가 경제와 사회가 어려운 시기를 잘 극복하려면 무엇보다도 국민과 정치체계가 포퓰리즘에 대응하는 방식이 중요하다. 다음 도표에서 볼 수 있듯이, 오늘날 미국에는 불평등과 포퓰리즘이 떠오르고 있는데, 이는 1930년대 상황과 매우 비슷하다. 두 시기를 살펴보면 상위 0.1%의 순자산은 하위 90%의 자산을 모두 합친 금액과 거의 같았다.

호황기에 부자들은 돈을 더 많이 벌어들인다. 특히 금융 산업에 몸담은 부자들의 탐욕이 위기의 원인으로 지목되는 상황에서 부자 증세는 정치적으로 매력적인 수단이 된다. 중앙은행이 금융자산을 매입할 경우, 금융자산을 많이 보유한 부자들에게 불균형적으로 이득을 준다. 정치적으로 좌파 성향이 힘을 얻으면 재분배를 요구하는 목소리가 커진다. 부자들은 자산을 지킬 방법과 장소를 물색하면서 자산시장과 통화시장이 흔들리기 시작한다. 이렇게 고소득 납세자가 떠난 지역에는 경제 '공동화hollowing out' 현상이 일어날 수 있다. 정부 세수가 줄어들면서 지역의 부동산 가치가 급락하고 복지가 줄어들기 때문이다.

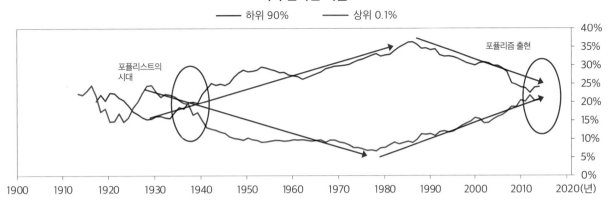

미국 순자산 비율
—— 하위 90%   —— 상위 0.1%

일반적으로 소득세, 부동산세, 소비세 등 세수를 늘리는 데 가장 효과적인 형태로 증세가 이루어진다. 재산 대부분이 비유동자산이면 사실상 세금 징수가 쉽지 않기 때문에 부유세와 상속세의 증세 효과가 미미한데도 역시 인상되곤 한다.● 하지만 세금을 내기 위해 납세자가 자산을 억지로 매각하면 오히려 투자 심리를 해칠 수 있다. 혁명이 일어나거나 상당한 금액의 자산이 국유화되지 않는 한, 디레버리징에 큰 도움이 될 만한 부의 재분배는 잘 일어나지 않는다.

아름다운 디레버리징

아름다운 디레버리징은 앞서 말한 네 가지 정책 수단을 균형 있게 조합할 때 발생한다. 균형 있게 조합되어야 견디기 힘든 충격이 완화되고, 인플레이션이 유발되어 긍정적인 경제 성장을 이루고, 이를 통해 부채 부담이 감소하면서 아름다운 디레버리징이 발생한다. 좀 더 구체적으로 말해서 아름다운 디레버리징이 되려면, 인플레이션 세력/경기 부양 세력(예: 화폐 찍어내기, 부채의 화폐화, 통화 평가절하)이 충분히 강력해 디플레이션 세력/경기 침체 세력(예: 긴축, 채무 불이행)을 상쇄할 수 있어야 한다. 그리고 명목 성장률을 명목 금리보다 높은 수준으로 끌어올릴 수 있어야 한다. 다만 인플레이션이 가속화되고, 통화 가치가 하락하고, 새로운 버블이 등장할 정

● 국가마다 부유세의 적용 범위는 다르다. 미국에서는 부유세가 위헌으로 판결났지만, 다른 나라에서는 부유세를 허용하기도 한다.

도로 인플레이션 세력/경기 부양 세력이 지나치게 막강해서는 안 된다.

디플레이션형 불황을 극복하는 최선의 방법은 중앙은행이 유동성을 공급하여 신용을 지원하는 역할을 하고, 중앙정부는 주요 경제 주체에게 각각 자금의 수요에 따라 유동성을 공급하는 역할을 하는 것이다. 소비는 돈이나 신용의 형태로 이루어진다는 것을 명심하자. 부채 상환 부담이 커서 부채로 조달한 돈으로 소비를 증가시킬 수 없는 상황이라면, 신용으로 소비를 늘리거나 부채 부담을 낮춰줄 수 없다. 때문에 소비를 늘리거나 부채를 낮춰줄 수 있는 유일한 방법은 돈을 늘리는 것이다. 즉 중앙은행이 금융 시스템에 통화량을 늘려줘야 한다는 것이다.

그렇다면 중앙은행은 어떻게 통화량을 늘릴 수 있을까? 만기가 길고 신용등급이 낮은 담보물을 포함한 담보물의 인정 범위를 확대해 다양한 담보물들을 토대로 대출을 제공한다. 동시에 만기가 길고 신용등급이 낮은 부채를 인수하면 된다. 이렇게 하면 시장이 안정되는 효과를 볼 수 있을 뿐 아니라, 적정한 수준으로 통화량이 증가한다면 긍정적인 경제 성장을 동반하는 디레버리징이 발생하게 된다. 적정한 통화량 증가란, 1) 통화량이 증가하지 않았다면 발생했을 디플레이션형 신용시장 붕괴를 봉쇄할 수 있는 수준, 2) 디레버리징 과정의 고통을 분산하기 위해 명목 성장률을 명목 금리보다 조금이나마 높게 끌어올릴 수 있는 수준을 말한다.

그렇다면 명목 성장률이 명목 금리보다 높다는 것은 어떤 의미가 있을까? 기본적으로 소득이 부채보다 빠르게 늘어야 한다는 뜻이다. 예를 들어, 디레버리징을 경험하고 있는 국가가 있고, 그 국가의 소득 대비 부채 비율이 100%라고 하자. 100%라는 말은 소득의 규모와 부채의 규모가 100:100으로 같다는 뜻이다. 명목 금리가 2%라고 하면 1년 뒤 총부채 규모는 102로 늘어날 것이다. 마찬가지로 명목 성장률이 1%라면 소득은 1년 뒤 101이 될 것이다. 이 경우 소득 대비 부채 비율이 100%(=100/100)에서 약 101%(=102/101)로 증가하게 된다. 이처럼 부채 부담을 줄여 고통을 감소시키려면 명목 성장률이 명목 금리보다 높아야 한다. 명목 성장률은 높으면 높을수록 좋기는 하지만, 인플레이션이나 통화 가치의 하락이 유발될 수 있는 수준으로 높아져서는 안 된다.

화폐 찍어내기가 인플레이션을 유발하는 것 아니냐는 의문을 품을 수 있다. 화폐 찍어내기를 통해 유발되는 경기 부양 세력이 디플레이션 세력과 균형을 이뤄 신용 감소세와 디플레이션 세력을 상쇄할 수 있으면 인플레이션은 유발되지 않는다. 이것은 이론이 아니라 역사적으로 증명된 사실이다. 중요한 것은 소비라는 점을 기억하자. 가격에 미치는 영향은 현금으로 1달러를 지출하나, 신용으로 1달러를 지출하나 똑같다. 화폐 찍어내기는 중앙은행이 국채를 인수하거나 기업 채권, 주식을 비롯한 비정부 자산을 인수하는 형태를 띠는데, 이렇게 하면 실물 경제 활동과 신용이 위축되는 속도에 맞춰 통화량을 빠르게 증가시킬 수 있다.

전통 경제학자들은 이를 화폐 유통 속도가 하락했다고 해석하지만, 사실은 전혀 그렇지 않다. 사라진 신용이 신규 창출된 화폐로 대체되는 것이다. 화폐로 신용을 대체하는 작업과 적극적으로 경기를 부양하는 작업이 올바른 균형을 이룬다면 진정한 의미에서의 인플레이션은 유발되지 않는다.

하지만 경기 부양책을 남용할 때도 있다. 경기 부양책이 다른 정책 수단보다 효과적이어서 이를 남용할 경우, 추악한 인플레이션 유발형 디레버리징을 초래할 위험이 있다. 1920년대 바이마르 공화국, 1980년대 아르헨티나와 브라질에서 발생한 하이퍼인플레이션Hyperinflation이 대표적인 예이다. 중요한 것은 돈을 지나치게 많이 찍어내지 않는 것이다. 정책 입안자들이 균형을 유지한다면, 디레버리징은 그리 극적이지 않다. 독일 바이마르 공화국과 남아메리카 국가들처럼 외화 부채 비율이 높고, 외국인 투자자들이 채권을 많이 보유한 경우에는 부채의 화폐화와 부채 구조조정이 쉽지 않으므로 정책적 균형을 이루기가 매우 어렵다.

금리 인하 정책이 통하지 않는 불황기에는 화폐 찍어내기와 부채 화폐화, 정부 보증 정책을 시행하는 수밖에 없다. 화폐 찍어내기에 제약을 받거나, 찍어낸 화폐를 담보할 자산이 없고, 부채 부담을 재분배하기 어려운 국가에서는 이런 정책이 그다지 효과를 발휘하지 못한다. 하지만 다른 방법도 없다. 디레버리징 연구 사례 중 대부분은 지난 수백 년 사이에 일어났는데, 우리가 연구한 모든 디레버리징 사례에서 대규모로 통화가 창출되고, 대규모의 재정 적자가 나타나고, (금, 원자재, 주식 대비) 통화 가치가 대폭 하락하는 양상을 보였다. 다른 사례에서는 정책 입안자들이 활용한 정책 조합이 다양했고, 통화체계의 속성에 따라 정책 조합이 달라지는 것이 일반적이었다.

다음 페이지의 도표는 총 21개의 디플레이션 유발형 디레버리징 사례에서 나타난 전형적인 화폐 찍어내기 추세를 보여준다. 화폐 찍어내기는 2단계로 진행된다. 1단계로 중앙은행이 부실 기관에 유동성을 공급하고, 2단계로 경기 부양 효과를 확대하기 위해 대규모 자산 인수 작업에 나선다.

두 번째 도표는 무역 상대국 대비 통화 강세와 약세를 반영한 실질 환율의 평균값을 나타낸다.

금, 상품, 외화 등에 자국 통화의 가치를 고정하는 고정환율제도를 택하는 국가의 경우에는 통화 가치를 보

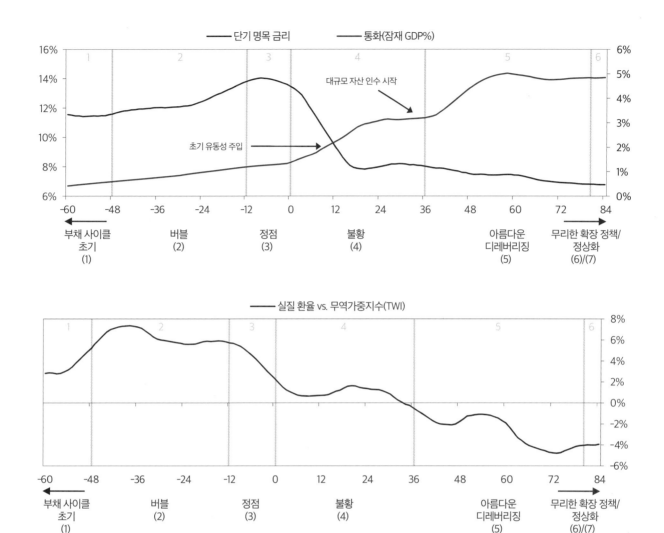

호하기 위해 불태환 화폐체계Fiat monetary systems를 채택한 국가보다 강도 높은 통화 긴축 정책을 시행할 수밖에 없는 상황으로 몰리는 것이 일반적이다. 하지만 이런 국가들도 결국 화폐 찍어내기를 선택하게 된다. 통화 긴축 정책의 영향으로 고통스러운 디레버리징 과정이 뒤따르고, 이를 견디지 못해 끝내 백기를 들고 고정 환율제를 포기하거나 고정 비율을 조정하면서 결국 화폐 찍어내기를 단행한다. 실제로 달러 가치와 화폐량이 금에 연동된 대공황 시절에는 달러를 금으로 교환하는 금태환을 유예했기 때문에 통화를 평가절하하고 더 많은 화폐를 발행할 수 있었다. 그렇게 함으로써 저점을 형성한 주식시장, 원자재시장, 경제지표 등이 회복할 수 있는 기반이 마련되었다. 2008년 금융 위기 때에는 통화체제를 법적으로 변경할 필요가 없었다. 때문에 화폐 찍어내기, 자산 인수, 정부 보증 등의 정책을 수행하기가 훨씬 수월했다.

다음 도표는 전형적인 금 가격 추세를 보여준다. 대공황 시절, 미국에서는 루스벨트 대통령이 금본위제도를 포기하자 금 가격은 하루아침에 급등했다. 2008년 금융 위기에서는 연방준비제도의 대응 덕분에 달러 가치는 금과 모든 통화 대비 하락했다.

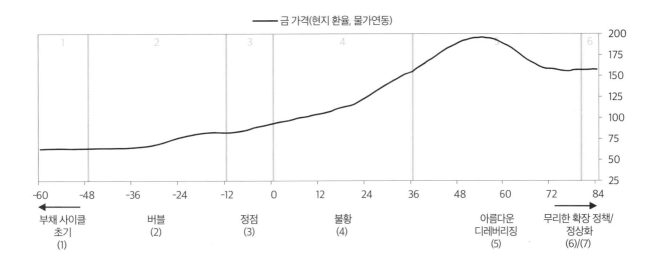

결국 정책 입안자들은 화폐 찍어내기를 선택하게 된다. 긴축은 이득보다는 고통을 불러오고, 대규모 채무 재조정은 지나치게 많은 부를 한순간에 지워버린다. 게다가 혁명이 일어나지 않는 한, 가진 자와 못 가진 자 사이 부의 재분배는 충분히 이뤄지지 않는다. 화폐 찍어내기가 사라진 신용을 보충하는 역할을 하는 한, 인플레이션을 유발하지 않는다. 다만 디플레이션을 무력화할 뿐이다. 사실상 모든 디레버리징 사례에서 정책 입안자들은 처음의 정책으로 만족스럽지 못한 결과를 낸 후에야 비로소 이 방법을 찾아냈다. 역사를 살펴보면, 화폐 찍어내기 정책을 신속하게 시행한 국가가 뒤늦게 시행한 국가보다 훨씬 나은 결과를 보였다. 실제로 미국 정부는 2008~2009년 금융 위기 때 1930~1933년 대공황 시절과 다르게 선제적으로 화폐를 찍어내며 위기를 극복했다.

다음 표는 불황을 아름다운 디레버리징 단계로 전환하는 데 일반적으로 어느 정도의 화폐를 찍어내야 하는지, 그리고 통화 평가절하가 어느 정도로 이루어져야 하는지를 요약한 것이다. 평균적으로 화폐 발행 규모는 연간 GDP의 약 4%였다. 초기에는 금 대비 통화 가치가 50% 정도 하락했고, 재정 적자는 GDP 대비 약 6%로 늘어났다. 이러한 공격적인 경기 부양책은 보통 불황에 접어든 지 2~3년 되었을 때 등장한다. 다소 차이는 있지만 평균적으로 주식은 50% 이상 폭락하고, 경제 활동은 약 10% 감소한다. 그리고 실업률은 약 10~15% 상승한 상태에서 경기 부양책이 시행된다.

상황마다 다를 수 있으므로 다음 표에 제공한 수치들은 대략적인 지표로 보면 된다. 차이점을 살펴보면(차이점을 상세하게 들여다보는 것도 흥미롭지만, 이 책이 다루는 범위를 넘어선다), 통화 정책과 재정 정책을 신속하고 현명하게 시행할수록 결과가 평균보다 훨씬 좋다는 것을 알 수 있다.

정책 반응

	평균	범위
1. 신용 축소 기간(단위: 월)	55	22~79
2. 금 대비 통화 가치 하락	-44%	-58~-37%
3. 최대 통화 창출(%GDP, 연간)	4%	1~9%
4. 재정 적자 최고치	-6%	-14~-1%

다시 강조하자면, 아름다운 디레버리징이 일어나려면 인플레이션 세력과 디플레이션 세력 간의 균형을 맞추는 게 중요하다. 화폐를 지나치게 많이 찍어내면 추악한 인플레이션 유발형 디레버리징(후에 살펴볼 것이다)을 일으킬 수 있다. 그러므로 적정한 양의 화폐를 찍어내는 것이 중요하다. 적정한 양의 화폐란, 1) 통화량이 증가하지 않았다면 발생했을 디플레이션형 신용시장 붕괴를 봉쇄할 수 있는 수준, 2) 디레버리징 과정의 고통을 분산시키기 위해 명목 성장률을 명목 금리보다 조금이나마 높은 수준으로 끌어올릴 수 있는 수준을 말한다.

즉 몇 가지 요소만으로 디레버리징이 적절히 관리되었는지 구별할 수 있다. 다음 표는 각 요소를 정리한 것이다. 정책 입안자가 흔히 저지르는 실수와 아름다운 디레버리징의 정책적 특징을 이해한다면 불황이 가져오는 수많은 고통을 피할 수 있다.

	적절한 디레버리징 관리	잘못된 디레버리징 관리
버블	• 중앙은행이 정책을 관리할 때 부채 증가율과 자산시장에 미치는 영향을 고려한다. 버블을 예방할 수 있다면 버블의 붕괴도 예방할 수 있다. • 버블의 원인인 부채 증가율을 적정 수준으로 제한하기 위해 중앙은행이 거시건전성Macroprudential(전체 경제에 문제가 발생하지 않도록 금융 시스템 전반의 장애를 예방하려는 것을 목적으로 하는 금융 규제) 감독 정책을 시행한다. • 재정 긴축 정책을 시행한다.	• 투기꾼과 채권자들이 지난 과거 수익률만을 기초로 미래를 낙관하며 부채로 자금을 조달해 투자를 이어가면서 버블을 키운다. 중앙은행도 인플레이션과 경제 성장률만 신경 쓰느라 투자자산에 생기는 부채 버블을 고려하지 않은 채 오랜 기간 신용을 저렴하게 유지하고 버블을 키운다.

정점	• 중앙은행이 광범위한 통화 정책이나 적절한 거시건전성 감독 정책으로 버블을 억제하고 다시 거시건전성 감독 정책을 통해 선별적으로 완화한다.	• 중앙은행은 버블이 붕괴한 후에도 통화 긴축 정책을 유지한다.
불황	• 중앙은행이 충분한 유동성을 공급하고 단기 금리를 0% 수준으로 신속하게 인하한 후, 강도 높은 거시건전성 감독 정책을 통해 화폐화를 적극적으로 추진한다. • 정부는 지속 가능한 재정 완화 정책을 적극적으로 시행하여 경기 하락세를 완화한다. • 시스템적으로 중요한 금융기관들을 보호한다.	• 중앙은행은 금리 인하를 머뭇거리고, 유동성을 제한하고, 긴축 정책을 너무 일찍 시행한다. 적극적인 화폐화 정책을 시행하기까지 너무 오랜 시일이 걸린다. • 정부는 적절한 완화 정책 없이 긴축에 집중한다. • 시스템적으로 중요한 기관들이 타격을 입거나 파산한다.
아름다운 디레버리징	• 자산을 매입하고 통화 가치를 대폭 떨어뜨리는 화폐화 정책을 적극적으로 추진한 덕분에 명목 성장률이 명목 금리를 웃돌면서 경기 회복세가 나타난다. • 시스템적으로 중요한 기관을 보호하고 고신용자를 중심으로 신용 증가율을 높이기 위한 거시건전성 감독 정책을 시행한다. • 시스템적으로 중요하지 않은 기관들이 순차적으로 정리된다. • 정책 입안자는 채무 불이행과 긴축으로 인한 경기 하강 압력을 부채의 화폐화와 통화 가치 하락, 재정 완화 정책 등 각종 경기 부양책으로 상쇄한다.	• 화폐화 정책이 뒤늦게 시작된다. 자산 인수가 소극적으로 진행되며 위험자산보다는 현금성 자산을 주로 다루기 때문에 자산효과를 내지 못한다. 중앙은행의 부양책 효과가 재정 긴축 정책으로 약화된다. • 시스템적으로 중요하지 않은 기관일지라도 과도한 빚을 진 상태라면 보호를 받게 되고, 결국에는 좀비 은행으로 전락해 각종 문제를 일으킨다. • 정책 입안자들의 무분별한 화폐 찍어내기로 화폐에 대한 신뢰가 무너지고 추악한 인플레이션 불황이 발생한다.

무리한 확장 정책

장기 부채 사이클 말기에 이르면, 금리 인하와 자산효과가 점점 줄어들면서 중앙은행은 경기 부양책을 통해 소비를 진작시키려 애쓴다. 경제 성장률과 자산 수익률이 하락하는 시기에 접어들면, 중앙은행은 돈과 신용이 소비자에게 직접 닿을 수 있도록 다른 형태의 통화 부양책으로 전환해야 한다. 1930년대 정책 입안자들은 이러한 상황을 마주했을 때 '끈 밀어내기Pushing on a string'라는 용어를 만들어냈다(경기 침체기에는 통화 정책의 경기 부양 효과가 그리 크지 않다는 점을 '끈 밀어내기'에 비유했다). 이 시기에 가장 큰 위험은 디플레이션 규모에 비해 화폐 찍어내기와 화폐화가 과도하거나 통화 가치가 심각한 수준으로 하락하면 추악한 인플레이션형 디레버리징이 발생할 수 있다는 점이다.

디레버리징 시기에 시행할 수 있는 다양한 형태의 통화 정책을 각각 경제와 시장에 미치는 영향에 따라 세 가지로 구분하면 쉽게 이해할 수 있다.

통화 정책 1(MP 1)

금리 조절을 통한 통화 정책(이하 'MP 1')은 경제에 광범위한 영향을 미친다는 점에서 가장 효과적이다. 중앙은행은 금리 인하를 통해 경기를 부양한다. 이를테면 낮아진 금리 덕분에 투자자산의 현재가치가 오르면서 양(+)의 자산효과를 얻는다. 월 결제 금액이 줄어들면서 내구재와 주택 등 금리에 민감한 상품군에 대한 수요를 증가시켜 신용 구매를 촉진하고, 부채 상환 부담을 줄여 현금 흐름과 소비를 개선할 수 있다. 보통 MP 1은 부채 위기가 발생할 때 가장 처음 시도하는 정책이지만, 단기 금리가 0%대를 찍으면 더 이상 효과적으로 작동하지 않아 중앙은행은 두 번째 정책을 시행해야 한다.

통화 정책 2(MP 2)

화폐 찍어내기 또는 (부실) 금융자산 인수로 불리는 '양적 완화Quantitative easing'가 통화 정책 2(이하 'MP 2')이다. 이것은 투자자와 예금자에게 커다란 영향을 끼치는 부채자산을 위주로 금융자산을 인수하는 정책으로, 채무자와 소비자보다는 투자자와 예금자의 행태에 영향을 준다. 중앙은행은 채권 같은 금융자산을 인수하고 그 대가로 투자자와 예금자에게 현금을 건넨다. 투자자와 예금자는 이 현금으로 다른 매력적인 금융자산을 사들인다. 돈과 신용으로 무엇을 하는가에 따라 모든 게 결정된다. 그들이 투자한 자산이 소비를 촉진하면 경기를 부양할 수 있다. 반대로 금융자산처럼 소비와 관련 없는 자산에 투자하면 시장에서 매우 높은 수익을 낸 후에야 돈이 소비로 흘러가게 된다. 그런 사람들은 투자 수익을 얻은 후에야 소비를 늘릴 수 있기 때문이다. 즉 양적 완화는 금융자산을 보유한 투자자와 예금자에게 그렇지 않은 사람들보다 더 많은 혜택을 안겨주므로 빈부 격차는 더욱 벌어지게 된다.

일반적으로 MP 2는 금리 조절 정책보다 효과가 덜하지만, 위험 프리미엄Risk premium과 유동성 프리미엄Liquidity premium이 큰 상황에서는 이러한 프리미엄을 낮추기 때문에 가장 효과적이다(위험 프리미엄은 투자자가 추가로 위험을 부담한 대가로 받는 보상이며, 유동성 프리미엄은 현금 대신 유동성이 부족한 자산을 매입한 대가로 받는 보상이다). 위험 프리미엄이 높을 때 시중에 돈이 유입되면, 실제 위험은 줄어드는 동시에 기대 수익이 높은 위험자산을 매입하려는 움직임이 늘어나 자산 가격이 오르면서 양의 자산효과로 이어진다.

하지만 시간이 지나면서 위험 프리미엄이 감소하고 자산 가격 상승이 한계에 다다르면 경기 부양을 위한 양적 완화 정책은 효과가 떨어지고 자산효과도 사라진다. 다시 말해, 가격이 높고 기대 수익률이 낮으면 위험을 감수하는 대가가 너무 적어져 투자자들이 호가를 올리지 않게 된다. 그리고 이는 또다시 기대 수익을 낮춘다. 위험보상비율Reward-to-risk ratio을 따져본다면, 수많은 자산을 보유한 투자자일지라도 수익률이 매우 낮은 현금을 더 매력적인 수단으로 여길 수 있다. 그 결과, 양적 완화 효과는 점점 줄어든다. 양적 완화 정책을 시행했는데도 신용 증가율이 회복되지 않는다면 정책 입안자는 쓸데없이 끈만 밀어낸 기분이 들 것이다.

이 시기에는 정책 입안자가 줄어든 양적 완화 효과를 보완하기 위해 더 많은 양의 부채를 화폐화하기도 한다. 이러한 시도가 조금은 도움이 될 수 있다. 하지만 자칫 잘못하면 사람들이 장기적인 화폐화로 인해 통화가 가치 저장 수단으로 적정한지 의문을 품고, 금처럼 화폐를 대체하는 수단으로 옮겨갈 수도 있다. 이 국면에서 모든 경제는 근본적인 도전 과제를 마주하게 되는데, 바로 구매력을 확보하려는 사람들이 많아져 이를 모두 충족시킬 수 없다는 점이다.

재화와 서비스가 있다고 생각해보자. 금융자산은 바로 이 재화와 서비스에 대한 청구권이다. 즉 투자자산을 보유한 자본가–투자자는 보유 지분을 구매력으로 전환하여 재화와 서비스를 얻을 수 있다고 믿는다. 동시에 노동자는 재화와 서비스 생산에 기여한 몫으로 받은 대가를 구매력으로 교환하여 재화와 서비스를 살 수 있다고 여긴다. 부채, 돈, 통화는 내재가치가 없기 때문에 청구권의 가치가 구매력보다 커질 수 있다. 그럴 경우 부채, 돈, 통화는 평가절하되거나 재조정되어야 한다. 즉 부채가 과도해지면 부채 재조정을 통해 재조정하거나 화폐화해야 한다는 말이다. 이때 정책 입안자는 부채 재조정보다는 화폐화 정책을 취하는 경향이 있는데, 그 이유는 화폐화 정책이 부채 재조정과는 달리 경기 부양 효과를 내기 때문이다. 하지만 화폐화는 그저 차용증서(부채)를 새로 찍어낸 돈으로 교환하는 것과 같다. 이는 폰지 사기Ponzi scheme(다단계 금융사기를 가리키는 말로, 1920년대 최초로 이러한 사기를 저지른 찰스 폰지Charles Ponzi의 이름에서 따왔다)와 유사하다. 모든 차용증서를 담보할 수 있을 정도로 충분히 재화와 서비스가 공급되지 않아 차용증서의 가치가 떨어져 구매력이 보장받지 못할 가능성이 큰 상황에서 사람들은 일한 대가로 차용증서를 받으려고 하지 않을 것이다.

저금리와 위험자산에 대한 낮은 프리미엄으로 인해 통화 정책은 구조적 문제에 봉착한다. 저금리는 MP 1(금리)의 효과를, 위험자산에 대한 낮은 프리미엄은 MP 2(양적 완화)의 효과를 떨어뜨리기 때문이다. 이렇게 MP 1(금리)과 MP 2(양적 완화)가 한계에 이르면 중앙은행은 두 정책 수단으로는 경기를 부양할 수 없게 된다. 즉 통화 정책을 추진할 '연료'가 바닥나는 것이다. 일반적으로 이러한 현상은 장기 부채 사이클 막바지에 일어나고, '끈 밀어내기'로 이어진다. 1937~1938년과 현재 미국의 상황이 좋은 예다. 이러한 상황에서 정책 입안자는 양적 완화를 넘어 새로운 형태의 통화 정책과 재정 정책을 고민해야 한다. 이것이 바로 통화 정책 3이다.

통화 정책 3(MP 3)

통화 정책 3(MP 3)은 투자자와 예금자 대신 소비자의 손에 돈을 직접 쥐여주고 소비를 장려한다. 부자는 그렇지 않은 사람보다 늘어난 돈과 신용을 이용해 추가로 소비할 유인이 적다. 따라서 빈부 격차가 크고 경제가 취약할 때는 부유하지 않은 사람들에게 소비할 기회를 제공하는 것이 훨씬 생산적이다.

우리는 이론과 역사를 통해 소비를 촉진하는 각종 조치가 계속해서 다양한 형태로 이루어진다는 사실을 알 수 있다. 한 가지 방법은 재정 정책과 통화 정책의 조합이다. 정책 입안자는 정부 지출을 통해 직접 소비를 촉진하거나 비정부 기관에 혜택을 제공해 간접적으로 소비를 장려할 수 있다. 또 다른 방법으로는 중앙은행이 재정 정책 입안자와 협력할 필요 없이 시민들에게 현금을 직접 주는 방식으로 '헬리콥터 머니Helicopter money'를 공급하는 것이다. 늘 그런 건 아니지만, 통화 정책과 재정 정책의 적절한 조합은 재화와 서비스를 소비할 유인을 만들어낼 수 있다. 중앙은행은 거시건전성 감독 정책을 통해 재정 정책을 시행했을 때와 비슷한 효과를 거둘 수 있다. 각 정책 수단을 과거 사례와 함께 간단히 정리했다.

- **적자 재정 확대**: 적자 재정과 양적 완화 정책을 통해 새로 발행된 국채 대부분을 정부가 인수한다. 1930년대 일본과 제2차 세계대전 시기의 미국, 2000년대 영국이 그러했다.
- **적자 재정을 확대하되 정부가 부채를 책임지지 않는다. 왜냐하면:**
  – 중앙은행이 찍어낸 돈으로 부채를 상환할 수 있다. 1930년대 독일이 그 예이다.
  – 중앙은행이 비정부 기관에 경기 부양 용도로 돈을 빌려줄 수 있다. 예를 들어, 2008년 중국의 개발은행들은 정부로부터 대출을 받았다.
- **번거롭게 부채를 발행하는 대신 새로 찍어낸 돈을 정부 지출로 직접 사용**: 과거 사례를 살펴보면 중국 왕조, 미국 독립전쟁, 미국 남북전쟁, 1930년대 독일, 제1차 세계대전 시기의 영국에서는 불태환 화폐를 찍어냈고, 고대 로마, 중국 왕조, 16세기 영국에서는 경화Hard currency(국제 금융상 환관리를 받지 않고 금 또는 각국의 통화와 바꿀 수 있는 화폐)를 평가절하했다(경화는 본래 금화와 은화 같은 주조 화폐를 뜻한다. 경제 위기로 궁핍해진 정부가 주화의 순도를 점차 떨어뜨리다 화폐에 대한 신뢰와 기능을 잃은 역사적 사례를 자주 볼 수 있다).

- **화폐 발행과 가계에 현금을 직접 전달**: 소비자의 손에 직접 돈을 쥐여주는 방식을 '헬리콥터 머니'라고 일컫는다. 대공황 시절, 미국에서는 퇴역 군인들에게 참전 수당을 지급했다. 중국 왕조에서도 가계에 직접 돈을 쥐여주기도 했다.

  돈을 투입하는 방식은 다양하다. 모든 사람에게 똑같은 금액을 지급하거나, 특정 계층을 중심으로 지원하는 방법이 있다. 예를 들어, 부유층보다는 빈곤층에 돈을 주는 것이다. 돈은 일회성 지원금으로 지급하거나, 기본소득Universal basic income처럼 지속적으로 지원할 수 있다. 이처럼 다양한 지급 방식으로 소비로 이끌 유인책을 함께 제공할 수도 있다. 예를 들어 1년 안에 받은 돈을 소비하지 않으면 혜택이 사라지도록 설정하는 것이다. 그 밖에 은퇴, 교육, 중소기업 투자 등 사회적으로 바람직한 부문에 소비와 투자가 이루어지도록 돈을 특정 투자 자금으로 돌릴 수 있다. 또 다른 방법은 양적 완화를 통해 인수한 자산을 정부 대신 가계에 분배할 수도 있다.

- **대규모 화폐 창출로 부채 탕감**(앞서 언급한 구약성서의 '희년'): 고대 로마와 아이슬란드에서, 그리고 대공황 시절에 부채를 대폭 탕감한 사례가 있다.

나는 각 방식에 따로 의견을 제시하지는 않을 것이다. 다만, 재정 정책과 통화 정책을 조화롭게 시행하는 것이 제일 효과적이라고 생각한다. 그렇게 하면 돈을 공급하고, 그 돈을 소비로 이어지도록 하는 일석이조의 효과가 보장되기 때문이다. 중앙은행이 돈을 뿌리는 정책(헬리콥터 머니), 즉 통화 정책만을 쓰는 경우는 돈을 쥐여주는 통화 정책과 그 돈을 쓰게 하는 재정 정책이 병행되는 경우만 못한 것이 일반적이다. 금융 정책과 재정 정책이 병행되면 좋겠지만, 통화 정책을 관장하는 정책 입안자가 재정 정책을 주관하는 정책 입안자의 협조를 구하기 힘들어 병행할 수 없는 상황이라면 다른 접근법이 도입된다.

어떤 정책은 하나 이상의 특성을 보이면서 위와 같은 종류로 정확하게 구분되지 않을 수 있다. 예를 들어, 정부의 감세 정책은 어떤 정책에 속할까? 이는 헬리콥터 머니와 같은 정책은 아니지만, 자금 조달 방식에 따라 구분이 달라질 수 있다. 정부는 중앙은행에 빚을 지지 않고 직접 돈을 소비할 수도 있다. 이것은 재정 정책을 통한 헬리콥터 머니 정책이다.

중앙은행은 경제 전반에 걸쳐 신용 가용성과 비용에 영향을 주지만, 규제 당국을 통해 금융 시스템의 특정 부분을 타깃으로 정해 그 부분의 신용 가용성과 비용에 영향력을 행사할 수 있다. 이러한 정책은 거시건전성 감독 정책으로 불리는데, 기관을 구분해서 다르게 대응할 때 특히 유용하다. 예를 들어, 부채가 지나치게 많은 부문에는 신용을 제한하는 동시에 나머지 경제 분야에는 경기 부양책을 시도한다. 또한 광범위하게 신용을 공급하지 않고 특정 기관에만 신용을 공급할 수도 있다. 거시건전성 감독 정책은 대형 부채 사이클의 7개 국면마다 다양한 형태로 유용하게 이루어진다. 이 책에서 설명하기에는 논지에서 크게 벗어나므로 부록에서 자세히 다룰 것이다.

정상화

아름다운 디레버리징이 진행되는 동안 경제 활동과 자본 형성의 회복 속도가 더디긴 하지만, 결국 금융체계는 정상화된다. 실물경제가 위기 이전의 정점 수준으로 회복하려면 약 5~10년이 걸린다. 이 때문에 '잃어버린 10년Lost decade'이라는 용어가 나오기도 했다. 주가가 과거의 고점을 다시 찍으려면 이보다 더 오랜 기간이 소요된다. 보통은 약 10년이 걸리는데, 투자자들이 다시 주식처럼 위험 프리미엄이 높은 자산을 안심하고 보유하기까지 매우 오랜 시일이 걸리게 된다.

경기 회복 상황

	평균	범위
1. 주가 낙폭 회복 기간(월)	119	60~249
2. GDP 낙폭 회복 기간(월)	72	25~106
3. 경기 부양책 시행 후 GDP 대비 부채 변화	-54%	-70~-29%

이제 디플레이션형 불황에 대한 템플릿을 이해했다면, 파트 2에서 미국의 2007~2011년과 1928~1937년 대형 부채 사이클에 대한 상세한 설명을 읽어보길 바란다. 파트 3에서는 21개 사례의 요약 통계와 기본 분석도 볼 수 있다.

인플레이션형 불황과 통화 위기

앞서 살펴본 전형적인 디플레이션형 부채 위기 템플릿은 21개의 디플레이션형 부채 사이클 사례를 평균 내어 정리한 것으로, 파트 3에서 다시 다룰 것이다. 이제 최악의 인플레이션 사이클 사례 27개를 평균 내어 만든 전형적인 인플레이션형 부채 위기 템플릿을 살펴보려 한다. 이 템플릿은 파트 3에도 등장한다. 템플릿을 검토한 후, 파트 2에서 깊게 다루는 독일 바이마르 공화국의 하이퍼인플레이션 사례를 읽고, 여기서 설명하는 전형적인 사례와 비교해보는 것도 좋다. 도표와 자료를 살펴보기 전에 다음 사항을 짚고 넘어가도록 하자.

- 통화와 부채는 교환의 매개와 부의 저장 수단이라는 두 가지 목적을 수행한다.
- 부채는 누군가에겐 자산이고, 다른 누군가에겐 갚아야 할 책임이다.
- 부채는 달러, 유로, 엔, 페소 등 특정 통화로 돈을 갚겠다는 약속이다.
- 채권자는 장래에 부채자산을 돈으로 바꿔 재화와 서비스를 구매하기를 원하므로, 자산을 보유한 대가로 받을 보상(금리) 대비 잃게 될 구매력(인플레이션)에 매우 민감하다.
- 중앙은행은 직접 통제할 수 있는 돈과 신용만 찍어낼 수 있다. 예를 들어, 연방준비제도는 달러로 표시된 돈과 신용을 만들고, 일본은행은 엔화로 표시된 돈과 신용만 만들 수 있다.
- 공생 관계에 있는 자유시장 채무자와 채권자, 중앙은행은 시간이 지나면서 부채 더미를 점차 늘려간다.
- 부채가 쌓일수록 중앙은행의 부담은 커진다. 자칫 부채가 지나치게 많아져 경제를 디플레이션형 불황이나 인플레이션형 불황으로 이끌지 않도록 중앙은행이 균형을 맞춰야 하기 때문이다.
- 부채 위기가 발생하면 통화 정책과 재정 정책을 수립하는 정책 입안자들은 부채 부담을 재분배할 권한을 갖고 있으므로, 서로 반대되는 세력 사이에 균형을 맞출 수 있다. 항상 균형을 잘 잡을 수 있는 건 아니지만, 이로 인해 부채 부담은 분산된다.

- 일반적으로 중앙은행은 투자자산에 자본을 투입하고 경기를 활성화하는 동시에, 부채가 표시된 화폐를 대량으로 찍어내 부채 위기를 완화한다. 이러한 화폐 찍어내기는 다른 조건이 모두 같을 경우, 통화 가치를 떨어뜨린다.

- 통화 가치가 기준 금리보다 빠른 속도로 하락하면 약세 통화로 표시된 부채자산을 갖고 있는 채권자는 돈을 잃게 된다. 투자자가 높은 금리로 보상받지 못하고 통화 약세가 계속될 것으로 예상할 경우, 통화 가치 대폭락, 자본유출 등 위험한 양상이 전개될 수 있다.

통화 변동성은 인플레이션형 불황을 만들어낸다. 수익률이 저조한 통화로 표시된 부채자산을 갖고 있는 채권자는 부채를 매각해 다른 통화로 자산을 옮기거나 금 등 다른 수단을 이용해 부를 저장하려고 한다. 부채 위기가 발생해 국가 경제가 취약해지면 중앙은행은 통화 약세를 보상할 만큼 충분히 금리를 인상하지 못하게 되고, 자본은 안전한 다른 통화를 찾아 국외로 빠져나간다. 자본 유출이 지나치게 많아져 대출 여력이 고갈되면 중앙은행은 신용시장이 축소되도록 두고 볼지, 아니면 대량으로 화폐를 찍어낼지 결정해야 한다. 중앙은행이 금리와 유동성을 조절하여 인플레이션과 경제 성장률 사이의 균형을 잡는다는 점은 익히 잘 알려진 사실이다. 하지만 인플레이션과 경제 성장률 사이의 균형을 잡는 일은 자본이 유입될 때는 수월하고, 유출될 때는 어렵다는 사실은 모르는 경우가 많다. 자본이 유입되면 균형 잡기가 수월해지는 이유는 중앙은행이 통화량과 신용을 그대로 유지한다고 가정할 경우, 자국 통화와 부채에 대한 수요가 증가하면 통화 가치와 부채 가격이 상승한다. 그리고 다른 조건이 모두 같다면, 결국 인플레이션은 낮아지고 경제 성장률은 상승하기 때문이다.

반면 자본이 유출되면 균형 잡기가 어려워지는 이유는 자국 통화와 부채에 대한 수요가 줄어 반대의 상황이 벌어지기 때문이다. 통화와 부채에 대한 수요의 변화에 따라 통화 가치가 어떻게 변하고, 중앙은행의 정책 변화에 따라 금리가 어떻게 변하는지에 대해 살펴보자. 현재로서는 자본이 유출되면서 실질 환율이 큰 폭으로 하락하는 상황에서 자본 유출을 막으려면 실질 환율의 하락을 실질 금리 인상으로 보상해줘야 한다. 하지만 그 인상폭이 실질 환율의 하락폭보다 클 필요는 없다는 정도만 짚고 넘어갈 것이다(반대의 경우도 마찬가지다).

부채와 경제, 정치 문제가 발생하여 투자 환경이 불안정할 때 주로 자본 유출이 일어나고, 이러한 흐름은 일반적으로 통화 가치를 대폭 떨어뜨린다. 설상가상으로 외화를 빌려 자금을 조달한 경우, 자국 통화가 약세를 보이면 부채 비용이 치솟게 된다. 이는 또다시 통화 가치를 더욱 끌어내린다. 이러한 이유로 최악의 부채 문제를 겪는 국가에서는 외화 부채가 많고, 외국 자본에 크게 의존하는 탓에 통화가 심각한 약세를 보이는 경우가 많다. 통화 약세는 불황기에 인플레이션의 원인이 된다.

이와 같은 통화시장의 경색은 통화 가치와 부채 가격이 매우 저렴한 수준으로 하락하면 저절로 사라진다. 좀 더 구체적으로 말해, 통화시장의 경색은 1) 채무 불이행이 일어나거나 그런 경색이 완화될 정도로 충분한 화폐를 찍어낼 때, 2) 지급유예Forbearance 등을 통해 부채 상환 요건이 낮아질 때, 3) 통화 평가절하가 인플레이션 상승 폭보다 훨씬 큰 수준으로 이루어질 때 비로소 끝나게 된다. 그 원인은 이 세 가지 경우 중 적어도 한 가지가 발생할 때 자국의 자산과 수출품의 가격 경쟁력이 회복되어 국제수지가 개선되기 때문이다. 하지만 정치가 많은 것을 좌우한다. 시장이 스스로 해결하게 놔두면 결국에는 조정이 일어나 문제가 해결된다. 그러나 어지러운 정치 상황에서 생산성이 자기 강화적 하강 국면으로 진입하여 나락으로 떨어지게 되면, 이런 하강 국면은 장시간 지속될 수도 있다.

어떤 국가와 통화가 심각한 인플레이션형 디레버리징이나 하이퍼인플레이션에 가장 취약할까

인플레이션형 불황은 어디서든 일어날 수 있지만, 유독 취약한 국가와 통화가 있다. 이들의 특징은 다음과 같다.

- 준비 통화Reserve currency(대외 지급을 위하여 보유되는 기축통화)가 아니다. 전 세계적으로 기축통화가 아닌 통화나 그런 통화로 표시된 부채를 부의 저장 수단으로 보유하려는 수요가 없다.
- 외환 보유고Foreign-exchange reserves가 적다. 이로 인해 자본 유출을 막을 보호 장치가 부족하다.
- 외화 부채가 많다. 금리가 인상되거나 갚아야 할 채권의 통화 가치가 상승할 때, 달러로 표시된 신용을 이용할 수 없게 될 때 부채 비용이 늘어날 위험이 있다.
- 재정 적자와 경상수지 적자가 점점 늘어난다. 적자를 메우려면 돈을 빌리거나 찍어내야 한다.
- 실질 금리가 마이너스이다. 이렇게 금리가 인플레이션을 훨씬 밑돌면 이런 통화와 부채를 보유한 채권자들에게 적절한 보상이 이루어지지 않는다.
- 높은 인플레이션과 마이너스 통화 수익률을 기록한 이력이 있다. 이로 인해 통화 가치와 부채 가격에 대

한 불신이 크다.

대체로 이러한 현상이 두드러질수록 인플레이션형 불황도 심해진다. 파트 2에서 상세하게 다룰 1920년대 초 독일 바이마르 공화국의 사례는 이러한 현상을 가장 상징적으로 드러낸다. 디플레이션형 불황 대신 인플레이션형 불황이 발생하는 이유를 보여주는 실제 사례가 궁금하다면, 파트 2에서 다루는 바이마르 사례와 미국의 대공황, 2007~2011년 경제 위기의 차이점에 주목하기 바란다.

외화 부채가 많지 않은 준비통화 국가에서 인플레이션형 불황이 발생할 수 있을까? 심각한 수준의 인플레이션 경기 침체를 겪을 가능성은 훨씬 낮다. 하지만 디플레이션 유발형 디레버리징 흐름을 반전하기 위해 경기 부양책을 과도하게 반복적으로 시행할 경우, 디레버리징 후반부에 이르면 인플레이션형 불황이 서서히 발생할 수 있다. 어떤 국가든 자국 통화를 버리고 자본이 빠져나가는 상황을 경험할 수 있으며, 앞서 설명한 것처럼 자본 유출의 영향으로 인플레이션과 경제 성장률 사이의 상충관계가 더 심해질 수도 있다. 준비통화국이라고 예외는 아니다. 준비통화 국가가 경제 성장률을 높이기 위해 대량으로 화폐를 찍어내어 높은 인플레이션을 허용한다면, 통화 수요는 더욱 줄어들 것이다. 그리고 투자자들이 해당 통화가 부의 저장 수단으로 바람직하지 않다고 인식하면서 준비통화 국가의 지위가 흔들리게 되고, 디레버리징 과정이 인플레이션 유발형 디레버리징으로 바뀔 수 있다.

전형적인 인플레이션형 부채 사이클 국면

인플레이션 유발형 디레버리징은 일반적으로 돈과 신용의 흐름을 따라간다. 디플레이션 유발형 디레버리징과 비슷하게 5단계를 거치지만, 몇 가지 중요한 차이점이 있다. 지난 수십 년간 나는 수많은 인플레이션 유발형 디레버리징을 비롯해 다양한 사례를 연구했다. 인플레이션 유발형 디레버리징은 4단계인 불황에 이르기까지 디플레이션 유발형 디레버리징과 상당히 비슷한 양상으로 전개된다.

앞에서 살펴본 것과 마찬가지로 전형적인 인플레이션 유발형 디레버리징의 진행 과정부터 살펴볼 것이나(이것은 27개의 인플레이션 유발형 디레버리징을 평균 내어 도출한 값으로, 외화 부채 비율이 높은 경우를 다룬다). 다음으로 전형적인 인플레이션 유발형 디레버리징을 네 가지 하이퍼인플레이션 사례와 비교하여 차이점을 짚어볼 것이다.

부채 사이클 초기

경기 상승기에는 경제의 기초 체력이 탄탄한 덕분에 자본이 순조롭게 유입된다. 국가 경쟁력이 높고 생산적인 투자가 기대되기 때문이다. 이 시기에는 부채 수준이 낮고, 재무상태표도 건전하다. 수출을 증대시켜 외국 자본을 유입시키고, 이렇게 유입된 외국 자본은 수이성이 높고 단단한 싱상세를 보이는 분야에 투자된다.

자본 흐름은 국가 내 흐름이든 국가 간 흐름이든, 변동성이 가장 크기 때문에 세심하게 주시해야 한다. 부채 사이클이 시작될 때 부채와 소득은 비슷하게 증가하고, 채권과 주식시장은 강세를 보인다. 강세장에서는 종종 대출을 받아 투자하도록 장려되기도 한다. 빠르게 증가하는 소득에 힘입어 부채 상환이 훨씬 수월해지면서 민간 부문과 정부, 은행은 당연히 돈을 빌리기 시작한다. 견고한 펀더멘털과 초기의 레버리지 확대는 국가 경제를 호황으로 이끌고, 결국 더 많은 자본을 불러온다.

통화 수요가 개선되면서 자기 강화적이고 긍정적인 사이클이 강화된다. 외국 투자자들에게 매력적인 투자 수익률을 제공할 만큼 통화가 충분히 저렴하고 수입보다 수출이 많다면(외국 투자자들은 상대적으로 저렴하게 물건을 생산하여 수출시장에 내다 팔아 외화를 벌어들이고 양호한 수익을 낼 수 있는 회사에 주로 자금을 빌려주거나 투자한다), 통화 수요가 공급을 웃돌면서 국제수지도 호전될 것이다. 이때 인플레이션 대비 경제 성장률이 상승하는 등 인플레이션과 성장률이라는 두 마리 토끼를 모두 잡은 중앙은행의 업무는 훨씬 수월해진다. 왜냐하면 중앙은행이 유입된 자본을 어떻게 처리하느냐에 따라 자금 유입은 통화 가치를 올리거나, 금리를 낮추거나, 외환 보유고를 늘리거나, 아니면 세 가지 효과를 모두 달성하는 데 활용될 수 있기 때문이다.

통화가 강세를 띠기 시작할 때 일부 중앙은행은 가치 절상을 방지하기 위해(가치 절상에 따른 경제적 역효과를 막기 위해) 외환시장에서 자국 통화를 팔기도 한다. 중앙은행은 자국 통화를 교환해 얻은 돈으로 외화로 표시된 투자자산(대부분 채권)을 사서 '외환 보유고'라는 계정에 넣는다. 외환 보유고는 저금과 같다. 외환 보유고를 활용하면 외환시장의 수급 불균형을 해소하고, 외환시장에 미치는 충격을 완화할 수 있다. 외환 보유고는 양호한 투자 수익률을 제공하는 자산을 인수하는 데 사용할 수도 있다. 외환 보유고를 축적하는 과정은 자국 통화에 대한 절상 압력을 덜어주어 수출 경쟁력 강화에 도움이 되고, 경제에 더 많은 돈이 돌게 해 경기 부양 효과가 있다. 중앙은행이 외화를 사려면 자국 통화를 더 많이 찍어내야 하는데, 이렇게 늘어난 자국 통화는 자산을 인수하여 자산 가격을 올리는 데 사용하거나 대출을 내주는 데 사용할 수도 있다.

이 시기에 통화의 총 수익률은 매력적이다. 1) 특정국의 자산이나 제품을 사고 싶은 사람들은 자국 통화를 팔아 특정국의 통화를 사야 하고, 2) 특정국의 중앙은행은 통화량을 늘린 후 특정국의 통화를 외환으로 교환한다. 이렇게 되면 특정국의 자산 가격은 특정국의 통화를 기준으로 상승할 것이기 때문이다. 이처럼 국제수지가 양호한 시기에는 자금이 순유입되면서 통화 가치가 오르고, 외환 보유고도 증가한다. 이러한 자금 유입은 경기를 부양하고, 자산시장은 상승하게 된다. 해당 국가에 투자한 사람들은 통화 가치와 자산 가치의 상승으로 수익을 거둔다. 하지만 통화 가치가 많이 오를수록 자산 가치는 상대적으로 덜 오른다.

버블

활발한 자본 흐름과 양호한 자산 수익률, 탄탄한 경제 상황이 맞물려 자기 강화적인 긍정적인 사이클이 지속될 때 버블이 나타난다. 상승기 초기에 유입된 자본이 생산적으로 투자된 경우, 양호한 수익을 거두고 자산 가치 상승으로 이어져 더 많은 자본이 유입된다. 버블 국면에서는 통화 가치와 자산 가치가 경쟁적으로 상승하고, 점차 빚을 얻어 매입하는 경우가 늘어나면서 충분한 투자 수익을 내기 어려울 만큼 가격이 매우 비싸진다. 하지만 가격이 오르는 탓에 대출과 매수세가 계속되고, 부채는 소득보다 빠른 속도로 증가한다.

한 국가나 통화에 대규모 자본이 유입되어 머무를 때 일반적으로 환율이 강세를 띠면 외환 보유고가 증가하고 경제는 호황을 맞는다. 때에 따라서는 통화 가치가 갑자기 급등하는 바람에 경제 성장이 서서히 진행되기도 한다. 이러한 상승기는 자기 강화적으로 지속되다가 과도한 수준에 이르면 형세가 뒤바뀐다. 자기 강화적이라고 하는 이유는 자본 유입의 영향으로 통화 가치가 상승하고, 그 결과 해당 통화로 표시된 자산을 보유(다른 통화로 표시된 부채를 보유)하는 게 유리해진다. 뿐만 아니라, 자본 유입의 영향으로 통화량이 늘면서 가격이 더 오르기 때문이다.

어찌 됐든, 버블 국면에는 (현지 통화 기준으로 자산 가격이 오르고 통화 가치도 상승하므로) 외국인 투자자 입장에서는 해당 국가의 자산에 투자하여 거두는 총 수익률은 매우 매력적이다. 여기에 활발한 경제 활동까지 더해지면 외국 자본의 유입이 늘어나고 국내 자본의 유출은 줄어든다. 시간이 지나면서 해당 국가는 매력적인 투자 대상이 되고, 자산 가격은 지나치게 비싸져 채권시장과 주식시장에 버블이 생기기 시작한다. 투자자들은 현지 자산을 보물처럼 귀하게 여기고, 국외에 있는 사람들은 좋은 기회를 놓치고 있다고 생각한다. 이로 인해 전혀 투자하지 않던 사람들도 서둘러 시장에 뛰어든다. 시장 참여자들이 너나 할 것 없이 빚을 얻어 자산을 매수하려 하면서 가격이 급등하다가 반전하여 하락하는 시기가 다가온다. 버블이 커지면서 주로 나타나는 경제 발전 요소를 몇 가지 정리하면 다음과 같다.

- 외국 자본 유입 비율이 높다(평균적으로 GDP 대비 약 10%에 달한다).
- 중앙은행이 외환 보유고를 축적한다.
- 실질환율이 강세를 보이면서 구매력 평가Purchasing Power Parity; PPP 기준으로 통화가 약 15% 고평가된다(구

매력 평가환율은 한 국가의 통화가 어느 국가에서나 동일한 구매력을 갖는 일물일가의 법칙이 성립한다는 가정 아래, 각국 통화의 구매력을 비교해 결정하는 환율을 말한다. 구매력 평가에 따르면, 실질환율은 외환시장에서 수요와 공급에 의해 결정되지만, 장기적으로 구매력 평가환율과 일치해야 한다).

- 주식시장이 수년간 평균 20% 이상 상승하며 고점을 경신하고 강세장을 이어간다.

모든 경제 주체가 현지 통화에 대해 롱 포지션(매수 포지션)을 늘린다. 롱 포지션을 취하는 데 대한 보상이 지속적으로 주어지기 때문이다. 시장 참여자 대부분은 지속적으로 현지 통화를 사고 싶어 하는데, 제대로 판단하지 못한 채 롱 포지션을 취하는 경우가 대부분이다. 예를 들어, 시장의 열기가 뜨거운 국가에 진출한 외국 기업들은 (계속 약세가 예상되는 자국 통화로 부채를 유지하기 위해) 자국 통화로 사업 자금을 조달할 가능성이 크다. 하지만 예금은 현지 통화로 하는 것을 선호할 것이며, 해당 국가에서 나오는 판매 수익은 환노출Currency exposures을 헤지Hedge(자산 가치의 변동에 따라 발생하는 위험을 회피하려는 시도)하지 않을 가능성이 크다. 마찬가지로 현지 기업들도 약세를 띠는 외화로 자금을 빌린다. 현지 시장이 상승세이므로 외국 은행들은 기꺼이 돈을 빌려준다. 강세장이 계속되면서 다국적 기업들은 다양한 방식으로 현지 통화에 대해 롱 포지션을 취한다.

- 외국 자본이 유입되면서 소비시장이 호황을 누린다.
- 수입이 수출보다 빠르게 늘어나면서 경상수지가 악화된다.

한편 현지 시장에 투자가 늘어나면서 경제 성장률과 소득을 높인다. 덕분에 현지 채무자들의 신용도가 오르면서 더 많은 돈을 빌릴 여력이 생긴다. 그리고 채권자들도 기꺼이 빌려주려 한다. 원자재를 중심으로 수출 가격이 오르고, 국민 소득과 투자도 늘어나게 된다. 버블이 나타나면서 생산적인 투자는 줄어들지만 자본 투자는 늘어만 간다. 그동안 시장에 호황을 불러온 펀더멘탈의 강점들이 점차 희미해지는데, 그 원인의 일부는 통화가치가 오르면서 수출 경쟁력이 떨어진다는 데에 있다.

이 시기에는 생산성 향상보다는 부채로 조달한 자금을 중심으로 경제 성장이 이루어지고, 외국 자본에 대한 의존도가 높아지는 전형적인 현상이 나타난다. 이와 같은 현상은 외화 부채의 증가를 통해 확인할 수 있다. 이런 양상을 보이는 국가는 주로 신흥 개발도상국이다. 신흥 개발도상국은 외화 부채를 들여오는 이유는 복합적이다. 현지 금융체계가 제대로 발전되지 않은 데다, 자국 통화로 이루어진 대출에 대한 신뢰도가 낮고, 대출로 활용될 수 있는 국내 예금이 적다는 점 등이 그 이유이다. 자산 가격이 오르고 경제가 탄탄하면 소비 수준이 높아지고 외화 부채가 늘어나 상환 부담도 커진다. 모든 부채 사이클이 그러하듯, 긍정적인 효과가 먼저 발생하고 부정적인 효과는 나중에 발생한다.

- 부채 부담이 빠르게 증가한다. 3년에 걸쳐 GDP 대비 부채는 매년 약 10%씩 증가한다.
- 외화 부채 비율이 평균적으로 총부채의 약 35%, GDP 대비 약 45% 수준으로 늘어난다.
- 일반적으로 경제 활동이 매우 활발하고 GDP 갭(실질 GDP와 잠재 GDP의 차이)이 약 +4%일 만큼 성장률이 잠재 성장률을 크게 웃돌며 생산 능력에 압박이 가해진다.

아래 도표는 27개의 인플레이션 유발형 디레버리징 사례의 부채와 경상수지를 평균 내어 구한 것이다(이를 '전형'이라고 한다). 앞서 살펴본 디플레이션 유발형 디레버리징 전형 도표와 마찬가지로, 경제 활동이 최고조에 이른 시기를 '0'으로 설정하여 각 단계를 표시했다. 일반적으로 버블 국면에서는 부채가 GDP 대비 약 125%에서 150%로 늘어나고, 경상수지는 GDP 대비 약 2%만큼 악화된다.

버블 시기에 소득과 소비의 격차가 벌어진다. 소비를 계속 증가시키려면 더 많은 자본이 유입되어야 한다. 하지만 사이클의 정점에서도 경제 활동은 활발한 수준을 유지할 수 있다. 단, 고성장이 이어질 것이라는 기대감에 자본이 지속적으로 유입되어 자산 가격을 견인하고 통화 강세의 강도를 더 높여야 한다는 조건이 충족되

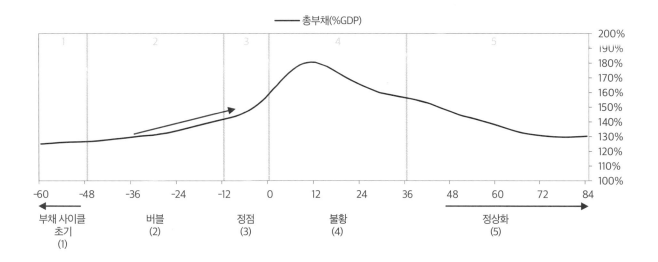

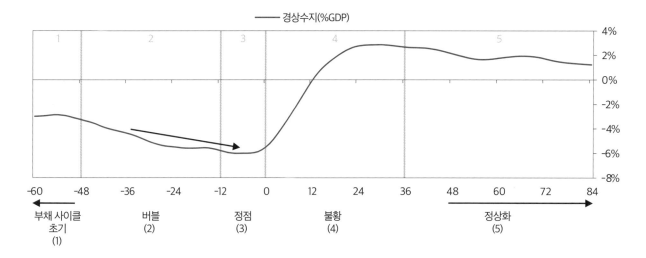

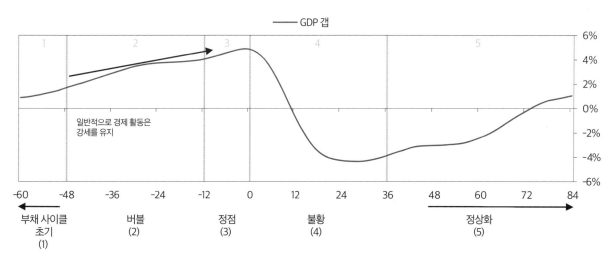

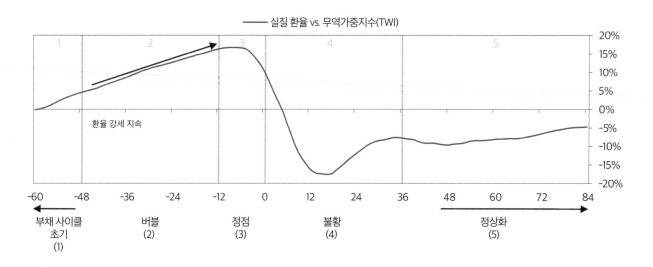

어야 한다. 이 시기에 경제는 갈수록 취약해져서 아주 사소한 사건만으로도 모든 상황이 정반대가 될 수 있다 (74쪽 도표 참조).

다음 표는 상승기에 27개의 인플레이션형 디레버리징으로 이어지면서 일어난 상황을 요약한 것이다. 각 사례를 외화 부채 비율이 높고 낮은 경우로 나누고, 성장률과 주가가 폭락하고 실업률과 인플레이션이 폭등한 정도를 기준으로 결과가 그나마 양호한 사례들과 가장 혹독한 사례들을 구분했다. 결국 상승기를 거치면서 외국 자본에 크게 의존하고, 대규모의 자산 버블을 경험한 국가들은 매우 고통스러운 결과를 맞았다.

인플레이션 유발형 디레버리징
버블 시기의 평균 통계

	정점일 때 총부채 대비 외화 부채(%)	정점일 때 GDP 대비 외화 부채(%)	주식(미국 달러) 3년 변동	정점일 때 GDP 대비 자본 유입(%)	정점일 때 GDP 대비 경상수지(%)	정점일 때 GDP 대비 외환 보유고(%)
전체 평균	34%	46%	18%	12%	-6%	10%
하위 결과 1/3	41%	46%	41%	14%	-9%	8%
상위 결과 1/3	25%	41%	7%	8%	-4%	10%
높은 외화 부채 비율	51%	60%	25%	15%	-9%	8%
낮은 외화 부채 비율	29%	38%	12%	9%	-3%	10%

* 경제 상황의 심각성을 측정한 경제 심각도 지수(Economic severity index)를 기준으로 함.

정점과 환율 방어

버블과 통화 강세, 높은 자산 가격, 높은 부채 증가율을 일으킨 자금 유입이 지속되지 못하면서 마침내 버블이 붕괴한다. 이로 인해 부채 사이클은 정점을 찍은 후 하강 국면으로 돌아서고, 중앙은행은 환율 방어에 나선다. 이제 상승 사이클과는 정반대의 방향으로 흘러가기 시작한다. 자본 유입이 줄어들고 자산 가격이 하락하면서 경제 상황이 악화된다. 그 결과, 자본 유출이 늘고 자산 가격은 더욱 하락한다. 이러한 악순환을 거치면서 경제는 국제수지 위기와 인플레이션형 불황에 직면하게 된다.

부채 사이클 정점에서는 사람들이 낙관적인 시나리오만을 상정하여 과도한 투자를 하고, 이는 가격에 반영된다. 때문에 아주 사소한 사건일지라도 외국 자본의 유입을 둔화시키거나, 국내 자본의 유출을 부추길 수 있다. 통화 강세와 과도한 국내 소비로 인해 수입이 증가하고, 그 결과 무역수지가 악화된다. 물론 이런 무역수지의 악화가 경제에 악영향을 미치는 건 사실이다. 하지만 정작 경제에 더 큰 악영향을 미치는 것은 자본 흐름의 역전이다.

경제 위기를 유발하는 요인은 가계나 개인에게 재정난을 안겨주는 요인과 유사하다. 소득이 끊기거나 신용 압박이 거세지거나, 비용(휘발유나 등유 가격)이 크게 증가해서, 그리고 돈을 너무 많이 빌려와 상환하기 어려워지는 경우 등 이러한 충격이 하나라도 발생하면 소득과 소비 사이에 괴리가 생기게 된다. 이런 괴리는 소득을 늘리든지, 소비를 줄이는 등의 방법으로 반드시 좁혀야 한다. 국가 경제도 마찬가지다. 괴리가 생기면 좁혀야 한다.

전형적인 부채 사이클에서는 자본이 빠른 속도로 유입되며 버블을 초래하는 위기의 원인이 된다. 하지만 대개는 충격(예: 산유국의 경우, 유가 하락)이 그 원인을 제공한다. 부채 사이클의 정점이 하강 국면으로 반전하는 원인은 다음 몇 가지가 있다.

1) 외국에 재화와 서비스를 판매해 벌어들이는 소득이 급감한다. 예를 들어, 통화 가치가 오르면서 수출품 가격이 비싸지고, 원자재를 수출하는 국가들은 원자재 가격 하락으로 어려움을 겪을 수 있다.

2) 수입품 가격이 오르거나 부채 비용이 늘어난다.

3) 자본 유입이 줄어든다. 예를 들어, 외국인 투자자들이 대출과 투자를 줄인다. 이러한 현상이 일어나는 이유는 다음과 같다.

   a) 지속 불가능할 만큼 빠른 속도로 늘어난 자본 유입이 둔화된다.

   b) 경제와 정치 상황에 관한 우려가 커진다.

   c) 현지 통화나 부채로 표시된 통화의 긴축 정책이 시행된다. 때로는 국외에서 일어난 긴축 정책의 영향으로 외국으로 자본이 유출되기도 한다.

4) 국민과 국내 기업들은 자국 통화를 버리고 국외로 자금을 옮기고 싶어 한다.

국제수지 위기에서 가장 먼저 줄어드는 것은 자본 유입이다. 그동안 투자와 소비를 지탱해온 자본이 감소하면 경제 성장률은 직격탄을 맞고 하락한다. 이에 따라 국내 채무자들의 신용도가 떨어지면서 외국인 채권자들이 대출과 자금 공급을 꺼리게 된다. 결국 자기 강화적인 약세장이 이어진다.

- 자본 유입이 둔화되면서 잠재 성장률에 비해 성장이 약화된다.
- 국내 자본 유출이 빠르게 이루어진다.
- 가격이 하락하고 판매량이 줄어들면서 수출 이익도 감소한다. 수출은 정체되며, 일반적으로 더 이상 수출이 증가하지 않는다.

자본과 소득 흐름의 변화는 자산 가격의 하락과 금리 인상을 이끌고, 자본 유입에 의존하던 경제 성장률을

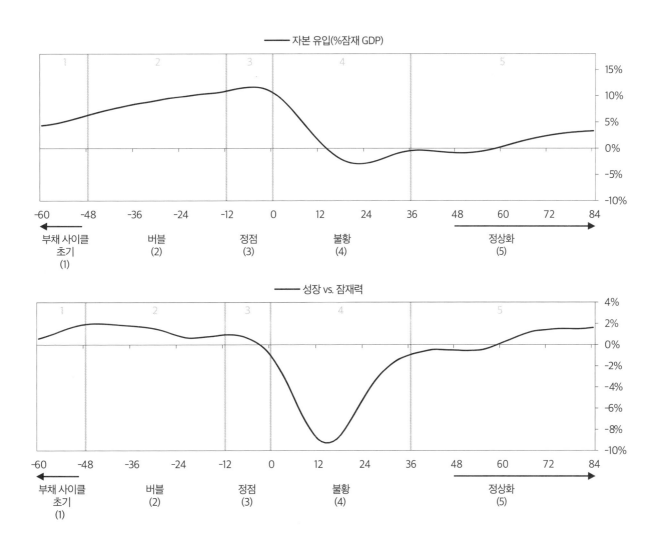

하락시킨다. 이는 기업들의 펀더멘털을 악화시킬 뿐만 아니라 자본 유출을 초래한다. 부채 문제가 터지면 경제는 위기에 직면한다. 자산 가격이 급락하고 은행들은 파산하기도 한다.

이 시기에는 자산/통화 보유자들과 자국 통화를 지원하려는 정책 입안자들 모두 크게 우려하기 시작한다. 자산/통화 보유자들은 대개 정부가 국외로의 자금 유출을 제한할 것을 우려해 가능하면 미리 자금을 빼내려 한다. 그리고 이러한 움직임은 국제수지 문제를 더욱 키운다. 정책 입안자는 자본 유출과 통화 붕괴 가능성을 우려한다. 국제수지가 악화되면서 중앙은행은 인플레이션 대비 경제 성장률이 하락하는 등 궁지에 몰린다. 왜냐하면 자본 유출은 중앙은행이 어떻게 처리하느냐에 따라 통화 가치를 하락시키거나, 금리를 인상시키거나 외환 보유고를 감소시키는 효과, 아니면 세 가지 효과를 모두 야기하기 때문이다.

이 시기에 중앙은행은 외환 보유고로 국제수지 적자를 메우거나, 금리를 인상하는 방식으로 대응하며 자국 통화를 방어하려 애쓴다. 이처럼 환율을 방어하고 가치 하락을 대비하는 시도는 그리 효과적이진 않다. 외환 보유고를 풀거나 금리를 인상하면 자국 통화를 매도할 사람들에게 기회만 제공할 뿐, 경제를 안정적인 상태로 되돌리는 데 필요한 환율과 금리 수준을 이끌어내지 못하기 때문이다. 이 전형적인 환율 방어 정책이 실패하는 이유를 살펴보도록 하자.

현물Spot 환율과 선물Forward 환율의 차이와 금리 차Interest rate difference는 매우 밀접한 관계에 있다. 통화 가치의 하락 예상치는 선물환과 현물환의 가격 차이에 반영된다. 예를 들어, 시장에서 1년에 걸쳐 통화 가치가 5% 하락할 것으로 예상한다면 해당 통화는 상대 국가보다 5% 더 높은 금리 수익을 내야 한다. 단기간에 통화 가치가 하락한다면 이 수치는 더욱 가파르게 오를 것이다. 시장에서 한 달 동안 통화 가치가 5% 하락할 것으로 예상한다면, 역시 한 달 동안 금리는 5% 더 높아져야 한다. 월 금리 5%는 연 금리로 환산하면 약 80%에 달한다.• 이것은 이미 취약해진 경제를 매우 심각하게 위축시킬 만한 수준이다. 통화 가치 하락 예상치가 낮더라도(예를 들면 연간 5~10%), 보상해야 할 금리는 높으므로(연간 5~10% 이상) 위기를 극복하는 과정은 매우 고통스럽다.

외환 보유고를 풀어 통화 가치 하락을 조절하는 정책은 앞으로도 통화 가치가 계속 하락하여 (앞서 설명한 대로) 국내 금리를 끌어올리는 것이며, 이는 경제가 이미 취약해진 상황에서 긴축 효과를 발휘하는 역할을 할 것이다. 게다가 통화 평가절하가 계속될 것이라는 기대에 힘입어 자본 유출과 평가절하에 돈을 거는 투기 거래

• 복리 계산법에 따라 연 금리는 60%(= %×12개월)가 아니라 80%다.

가 급증하면서 국제수지 적자가 더욱 확대된다. 그러면 중앙은행은 어쩔 수 없이 외환 보유고를 더 많이 풀어 환율 방어에 나서거나, 점진적인 가치 하락 계획을 포기해야 한다. 합리적인 정책 입안자라면 '저축'이나 다름 없는 외환 보유고가 바닥나는 것을 원하지 않기 때문에, 외환 보유고를 활용한 환율 방어 정책은 일정 수준에 이르면 중단될 것이다. 특히 페그제^{Peg}(페그제는 자국 통화를 다른 국가의 통화나 원자재 등의 가치에 고정하여 정해진 환율로 교환하는 고정 환율 제도를 말한다)를 고수하는 정책 입안자들은 이러한 환율 방어전에서 통화 약세를 막아내 겠다고 확신하며 대담한 성명을 발표하기도 한다. 일반적으로 이러한 현상이 일어난 후, 정부는 환율 방어를 포기하는 상황에 놓이게 된다.

환율 방어전이 진행되는 동안 선물환 가격이 현물환 가격보다 먼저 내려가는 게 일반적이다. 앞서 설명했듯 이것은 현물환과 선물환 가격의 차이와 금리 차이에서 비롯된 결과이다. 환율 방어를 위해 통화 긴축 정책까지 동원하지만, 실상은 단순히 금리 차를 벌려 인위적으로 현물 환율을 유지하는 것에 불과하다. 이를 통해 현물환 가격을 지탱할 수 있을지라도, 선물환 가격은 계속 현물환에 미치지 못하고 통화 가치는 하락할 것이다. 결과적으로 금리 차가 벌어지면서 선물이 현물 가격을 끌어내리는 채찍 효과$^{Whip-like\ effect}$가 나타난다. 정부가 환율 방어를 포기하고 환율을 시장에 맡길 때 현물 가격은 선물 가격을 따라가게 된다. 이제 통화 가치가 하락 하면서 금리 차가 좁혀지고, 현물환을 밑돌던 선물환 가격은 자동적으로 반등하게 된다.

이 시기에는 세 번째 정책으로 자본 통제$^{Capital\ controls}$가 이루어진다. 자본 통제는 최후의 저항 수단이지만, 좀처럼 효과를 발휘하지 못한다. 국외로 유출되는 자본의 양을 직접 통제할 수 있다는 점에서 정책 입안자에 게는 매력적인 정책 수단으로 보일 것이다. 하지만 역사적으로 자본 통제가 성공한 사례는 찾기 힘들다. 투자 자들은 어떻게든 규제를 피해 자본을 빼낼 방법을 알아낼 것이고, 자본 흐름을 가로막으려는 시도만으로도 사 람들은 국외로 벗어나려고 할 것이다. 자신의 돈을 국외로 옮길 수 없게 되는 것은 은행에서 자신의 돈을 인출 하지 못하는 상황과 비슷하다. 돈을 원하는 대로 이용할 수 없다는 두려움은 뱅크런으로 이어질 수 있다. 자본 통제는 결코 지속 가능한 수단은 아니지만, 어느 정도는 임시방편이 될 수 있다.

이러한 환율 방어 기간은 사이클 국면에서 대개 6개월 정도로 짧고, 환율 방어 정책이 중단되기까지 외환 보 유고는 약 10~20% 감소한다.

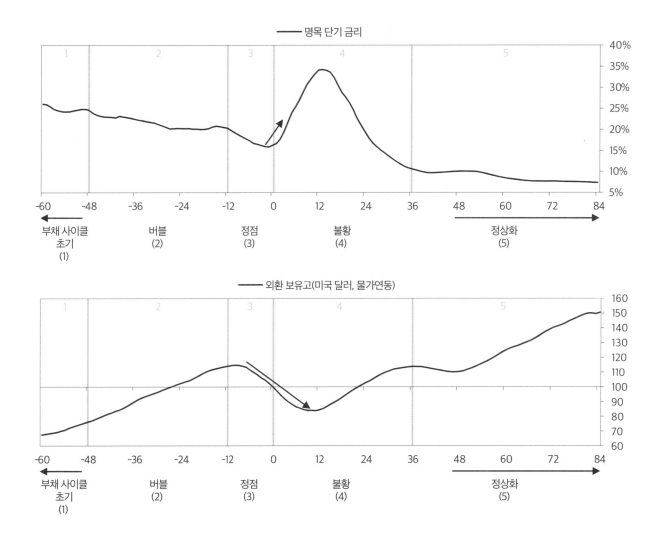

불황(환율 방어를 포기할 경우)

앞서 언급했듯이 국가 경제가 겪는 인플레이션 유발형 디레버리징은 가계가 지급 문제를 겪을 때 벌어지는 일과 비슷하지만, 한 가지 주된 차이점이 있다. 가계와 달리, 국가는 시중에 존재하는 통화량과 통화 가치를 조절할 수 있다는 점이다. 이는 국가가 국제수지의 불균형을 관리하는 데 중요한 정책 수단이 되며, 전 세계에 단일 통화가 존재할 수 없는 이유이기도 하다. 통화 가치가 바뀌면 해당 국가의 재화와 서비스 가격이 달라지는데, 자국민과 외국인이 체감하는 정도가 다르다. 이렇게 생각해보자. 한 가족의 가장이 일자리를 잃었고, 새 직장을 구하려면 30% 삭감된 임금을 받아들여야 한다. 이러한 변화는 가족에게는 경제적으로 매우 치명적인 영향을 줄 것이다. 하지만 통화 평가절하의 경우에는 얘기가 다르다. 통화를 30% 평가절하하면 그 효과는 외국인에게만 미친다. 해당 통화가 외국 통화에 비해 30% 저렴해지는 것이다. 그런데 임금이 종전 그대로 유지되기 때문에 평가절하는 자국민에게는 영향을 미치지 않는다. 다시 말해, 각국의 정부는 통화 평가절하를 통해 국내에서는 디플레이션을 일으키지 않으면서, 외국인들에게는 가격 인하 효과를 안겨주어 외국 기업의 국내 진출을 유도할 수 있다.

그런데 정책 입안자는 보통 처음에는 외환 보유고를 쏟아붓거나 통화 긴축 정책을 시행하고, 통화 평가절하는 절대 없다며 호언장담하고, 외화 자본을 통제하는 등의 방법들을 동원하며 환율 방어에 나선다. 그러나 이것은 지속이 불가능한 방식이기 때문에 결국에는 환율 방어전을 중단하고 환율을 시장에 맡기는 게 일반적이다(대개는 하락세를 조금이라도 완화하려고 노력한다).

정책 입안자가 환율을 시장에 맡길 때 일반적으로 일어나는 현상은 다음과 같다.

- 초기에 통화 가치가 실질환율 기준으로 평균 약 30% 정도 크게 하락한다.
- 통화 가치 하락은 단기 금리 인상만으로는 상쇄되지 않는다. 첫해에 통화를 보유하여 발생하는 손실이 평균적으로 약 30%에 달할 만큼 상당하다.
- 하락 폭이 너무 큰 나머지 정책 입안자가 하락세를 완화하려고 외환 보유고를 계속해서 쏟아붓는다. 평균적으로 한 해 동안 10% 정도의 외환 보유고를 추가로 소비한 후에야 환율 방어를 포기한다.

중앙은행은 환율 방어를 위해 경제에 바람직한 적정 수준을 넘어 외환 보유고를 너무 많이 쏟아붓거나, 금리를 너무 높여서는 안 된다. 그렇게 하면 통화를 평가절하했을 때보다 더 큰 위험이 초래될 수 있어 바람직하지 않기 때문이다. 사실 통화 평가절하는 경제와 시장을 부양하는 효과가 있어 경기 침체기에는 도움이 된다. 평가절하는 자산 가치를 상승시키고 수출을 촉진하는 효과가 있을 뿐만 아니라, 소득을 증대시켜 소비를 회복시키기 때문에 국제수지의 균형을 달성하는 효과도 있다. 또한 수입품이 상대적으로 더 비싸져 수입을 감소시키므로 국내 기업에 유리한 시장 환경을 조성할 수 있다. 그리고 자산 가격이 상대적으로 싸져 대외적으로 가격 경쟁력을 확보해 해외 투자자의 투자를 유도한다. 그리고 같은 상품을 팔아도 국내 통화 기준으로 더 많은

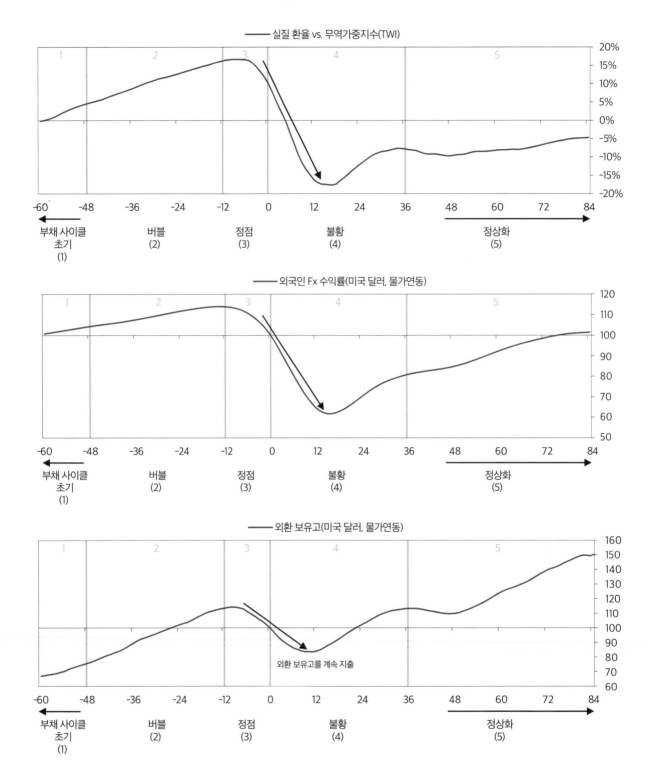

실질 환율 vs. 무역가중지수(TWI)

외국인 Fx 수익률(미국 달러, 물가연동)

외환 보유고(미국 달러, 물가연동)

외환 보유고를 계속 지출

돈이 들어오므로 수출 기업의 수익성이 개선되면서 외국으로부터 더 많은 소득을 창출할 수 있는 토대가 마련되는 효과도 있다.

하지만 평가절하는 양날의 검과 같다. 정책 입안자가 얼마나 잘 대응하는가에 따라 조정 기간에 경제가 견뎌야 할 고통의 크기가 달라진다. 평가절하는 본질적으로 인플레이션을 심화시키고, 인플레이션형 불황을 유발하는 경향이 있다. 인플레이션형 불황이 발생하면 예외 없이 평가절하가 수입 물가를 올리고, 그 영향은 고스란히 소비자에게 전가되어 인플레이션을 급등시키는 결과가 발생한다. 평가절하를 점진적이고 지속적으로 단행하면, 평가절하가 앞으로도 계속될 거라는 기대 심리를 낳아 자본 유출과 투기가 조장되고 국제수지의 불균형이 확대된다. 그뿐 아니라, 인플레이션이 장기화되면서 인플레이션 심리가 강화되는 결과까지 초래된다.

이러한 부작용을 고려할 때, 일반적으로 양방향 거래가 가능한 수준으로 대대적이면서도 단발적인 방식으로 평가절하를 단행하는 게 더 바람직하다. 즉 통화가 계속 약세를 이어간다는 기대 심리가 광범위하게 퍼져 있지 않아 매수세와 매도세가 어느 정도 균형을 이루는 수준까지 한 번에, 그리고 대폭적으로 평가절하를 단행하는 것이다. 이렇게 하면 높은 인플레이션이 지속될 가능성도 작아진다. 이러한 단발성 평가절하가 예측을 벗어나 시장에 충격을 줄 경우, 정책 입안자는 통화의 평가절하를 막기 위해 외환 보유고를 풀거나 금리를 인상할 필요가 없다. 이런 이유로 정책 입안자는 환율 방어를 중단하는 순간까지 통화 약세를 막겠다고 계속 말한다.

정책 입안자가 환율 방어를 포기하면 예금자들이 손해를 볼 뿐만 아니라, 앞으로 추가로 평가절하가 일어날 것이라는 기대감과 두려움이 팽배해진다. 그러면 사람들은 정신없이 자국 통화를 내다 팔게 된다. 강세장에서는 자산과 부채의 불일치가 확대될지라도 그만큼 이익을 낼 수 있으므로 돈을 빌려 자산을 매입한 사람들이 많았다. 반면 통화 가치가 하락하는 시기에는 자산과 부채의 불일치로 이전처럼 이익을 내지 못하게 되면서 정반대 상황이 자기 강화적으로 발생한다.

자본이 더 이상 들어오지 않고 빠져나가기 시작하면 소비는 멈출 수밖에 없다. 그리고 외국에서 자금을 빌리지 않은 경제 주체까지 영향을 받는다. 한 사람의 소비는 또 다른 사람의 소득으로 이어지기 때문에, 자본 유출은 실업과 소비 감소로 이어져 경제 전반에 파급 효과를 일으킨다. 경제 성장률은 정체되고, 국내 은행들을 중심으로 채권자들이 부채 문제를 겪는다. 외국인 투자자들도 대출과 자본 투입을 꺼리게 된다.

- 일반적으로 자본 유입이 GDP 대비 5% 이상 급감하는 데 12개월도 채 걸리지 않는다.
- 자본 유출이 GDP의 -3~-5%로 계속 이어진다.

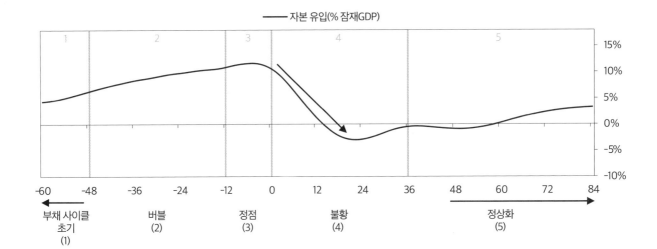

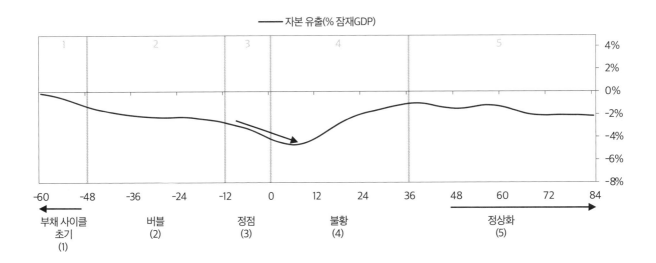

일반적으로 중앙은행이 화폐를 대량으로 찍어내더라도 자본 유출을 충분히 상쇄하지 못한다. 오히려 돈을 찍어낼수록 해당 통화를 내다 팔려는 사람들이 늘어나면서 자본 도피Capital flight가 악화될 수 있다. 경제 성장률까지 부진한 모습을 보이므로 투자자들은 자금을 빼내려 하고, 한때 훌륭한 보물처럼 여겨진 자산은 쓸모없는 휴지 조각처럼 취급된다. 과도한 매수세가 금세 과도한 매도세로 전환하면서 자산 가격은 폭락한다.

• 보통 단기 명목 금리가 약 20%p(예를 들어 40에서 44로 증가한 경우 10% 상승했다고 하지만 %p 기준으로 4%p 증가한 것) 오르면서 수익률 곡선이 역전된다.

- 화폐 찍어내기는 평균적으로 GDP 대비 1~2% 수준으로 제한된다.
- 현지 통화 기준으로 주식시장이 평균 약 50% 폭락한다. 통화 가치가 하락하면서 주식 매도세가 더욱 거세지고, 외화 기준으로는 낙폭이 더욱 커진다.

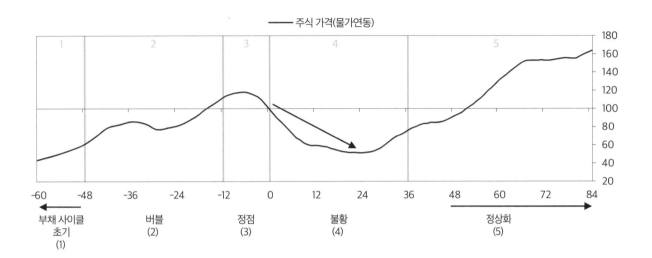

자산과 부채의 불일치는 특히 외화 부채에서 두드러진다. 자국 통화가 하락하면 외화로 빚을 진 채무자들은 자국 통화 기준으로 늘어난 부채 부담을 직면하게 된다. 채무자가 할 수 있는 일은 많지 않다. 대개는 자국 통화를 팔아 빚을 갚고, 환 헤지를 하고, 외화로 예금하려고 한다. 하지만 이러한 행동은 모두 자국 통화 가치의 하락 압력을 가중한다.

- 소득이 감소하고 자국 통화 기준으로 외화 부채의 상환 부담이 커지면서 갚아야 할 부채 원리금은 평균적으로 GDP 대비 약 5% 이상 증가하고, 이는 소득과 소비를 더욱 위축시킨다.
- 외화로 돈을 빌린 채무자들의 외화 부채 부담이 커진다. 소득이 줄고 통화 가치가 하락하면서 GDP 대비 부채 비율은 평균 약 20% 상승한다(86쪽 도표 참조).

통화 가치 하락으로 수입품 가격이 비싸지면서 인플레이션 압력이 커진다.

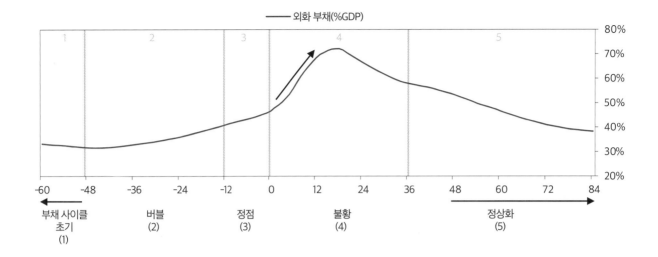

- 인플레이션 상승 폭은 15%에서 최고 30%에 달한다.

- 인플레이션은 정점을 찍은 후 한동안 그대로 유지된다. 이렇게 높은 인플레이션은 평균 약 2년간 지속된다.

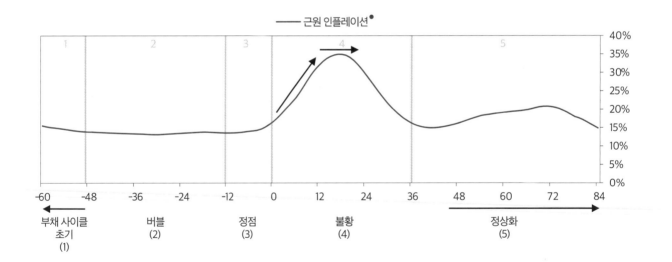

- 경제 상황에 따라 물가 변동이 심한 품목을 제외하고 산출한 물가지수

이 불황 국면 동안 모든 양상이 완벽한 상황에서 끔찍한 상황으로 전환된다. 부채, 경제, 정치, 통화 등 다양한 문제가 서로 얽히면서 불황을 악화시킨다. 그리고 분식 회계나 부정부패 등 눈에 보이지 않던 문제들이 수면 위로 떠오른다. 이처럼 투자 환경에 문제가 많아지면서 외국 자본이 이전처럼 유입되지 않고, 국내 투자자들도 자금을 국외로 반출하려 한다.

바로 이 시점에 경제가 '바닥'을 찍는다. 바닥을 찍을 때에는 버블 국면과 정반대의 상황이 전개된다. 버블기 동안 투자자들은 적극적으로 시장에 뛰어들지만, 저점에 이르면 적극적으로 시장에서 빠져나간다. 자산과 통화 가치가 하락하고 손실을 본 투자자들은 공포에 떨며 시장에서 빠져나가기 바쁘다. 그리고 시장 진입을 계획했던 사람들의 모습은 보이지 않는다. 매도자는 남아도는데 매수자는 턱없이 부족한 상황이 이어지면서 수요와 공급의 불균형이 커지고, 결국 가격은 하락한다. 경기 하강이 자기 강화적으로, 매우 빠르게 진행된다는 점에서 하강 국면은 인플레이션 유발형 디레버리징에서 가장 심각하고 고통스러운 과정이다.

경기가 바닥을 찍을 땐 급진적인 정책 변화와 가격 변동이 일어날 만큼 엄청난 고통이 뒤따른다. 하지만 이는 궁극적으로 상황을 반전시키는 데 꼭 필요한 변화이기도 하다. 따라서 나는 바닥을 찍는 과정을 묘사할 때 '카타르시스Catharsis'라는 표현을 쓴다. 영화 속 이야기나 개인의 인생을 떠올려보면, 위기는 늘 변화의 씨앗이 되어 궁극적으로 새 생명을 선사한다.

통화 가치가 하락하면서 수입 지출이 큰 폭으로 줄어들어 국제수지가 회복된다. 여기에 국제통화기금IMF과 국제결제은행BIS 등 국제기구의 지원까지 더해져 필요한 조정이 이루어지기도 한다. 때로는 경제의 근간을 흔드는 정책이 아닌, 경제 건전성을 높이는 정책을 시행하는 정치 세력이 지지를 얻으며 정치적으로 대대적인 변화가 일어난다.

이 시기의 특징을 잘 드러내는 경제적 변화는 다음과 같다.

• 경제 활동 수준이 큰 폭으로 떨어진다. GDP 갭이 평균적으로 약 8% 줄어든다.
• 실업률이 증가한다.
• 약 1년 후에 경제가 바닥을 찍는다. 일반적으로 GDP 갭은 거의 -4%까지 떨어진다.

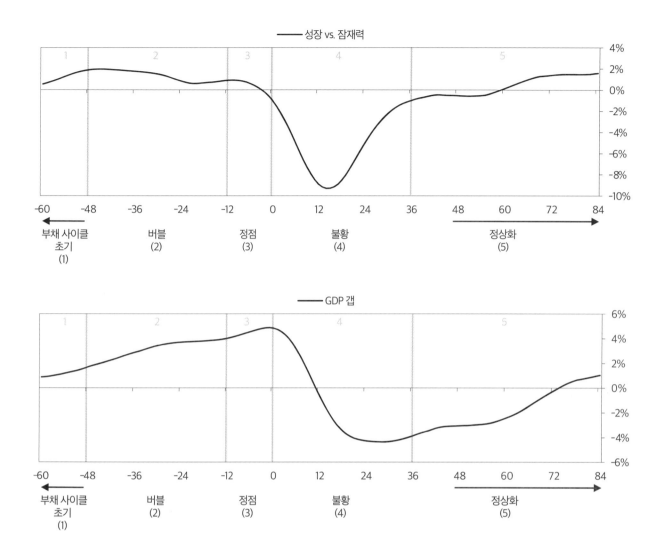

정상화

외국 통화 대비 자국 통화의 수요와 공급이 균형을 되찾으면 경기가 반등하고 마침내 정상으로 돌아온다. 무역 거래가 조정되면서 부분적으로 균형이 달성되기도 하지만, 대개 자본 흐름이 이러한 균형을 좌우한다. 따라서 통화 시장에서 자국 통화가 안정적으로 거래되기 위해서는, 우선 중앙은행이 자국 통화를 다시 보유하는 것이 바람직하다는 인식을 시장에 심어주어야 한다. 그다음 국제 수지를 개선할 만큼 국내 소비와 수입이 충분히 감소해야 한다.

그렇다면 정책 입안자는 어떻게 자국 통화가 롱 포지션을 취하기에 바람직하다는 인식을 심어주어, 자본이 국내에 머물게 할 수 있을까? 즉 자국 통화로 차입하는 것이 아니라 자국 통화로 대출도 내주고 저축도 하도록 유도하여 자본이 국내를 떠나는 것을 막을 수 있을까? 적정한 금리 수준(예: 국내 여건 대비 너무 높지 않은 금리 수준)을 통해 통화 보유 수익률이 양의 값이 되도록 해주는 것이 무엇보다 중요하다. 정책 입안자를 포함한 경제 주체 대부분이 통화 방어 국면에서는 환율을 유지하는 게 최선이라고 생각하지만, 실상은 정반대이다. 왜냐하면 무역 수지의 균형을 맞추는 데 도움이 되고, 통화 보유 수익률이 양의 값이 되고, 국내 여건에 맞는 금리 수준을 동반하는 통화 가치는 낮은 수준이기 때문이다.

앞서 설명했듯이 정상화를 위한 최고의 방법은 평가절하가 가파르고 신속하게 진행될 수 있도록 하는 것이다. 통화를 보유한 사람들은 손해를 보겠지만, 평가절하 이후 통화의 매력도가 높아지므로 투자자들이 롱 포지션을 취할 것이다. 현물 통화 가치가 상승할 뿐 아니라 이에 금리 차까지 더해져 통화 보유 수익률은 양의 값이 될 가능성이 크다. 또한 통화 가치가 이미 급격하게 하락한 상황에서 수익률을 매력적인 수준으로 만들기 위해 금리를 감당할 수 없는 높은 수준으로 올릴 필요도 없다. 금리가 비교적 낮은 수준인 상황에서 투자자들에게 통화 보유 수익률을 양의 값으로 만들 수 있다는 기대 심리를 줄 수 있는 최선의 방법은 충분한 수준으로 평가절하를 단행하는 것이다. •

통화 보유 수익률이 양의 값이 될지, 아니면 음의 값이 될지 여부는 금리 수준에 달려 있다기보다는 국제수지의 펀더멘털과 화폐 찍어내기를 통해 통화를 평가절하하겠다는 중앙은행의 의지에 달려 있다. 통화 보유 수익률은 통화를 보유할지 매각할지의 결정을 내리는 데 영향을 미친다. 평가절하는 단기적으로는 경기 부양 효과를 내지만, 남용할 경우에는 오히려 건전성을 해친다는 점에서 마약과 비슷하다. 먼저 중앙은행의 움직임을 주시한 후 롱 포지션을 취하는 게 안전한지 신중하게 결정을 내려야 한다. 통화 가치가 계속 떨어져 투자자들이 손해를 감수하는 상황이 지속될 때, 인플레이션의 악순환으로 빠질지 그렇지 않을지를 결정짓는 갈림길을 마주하게 된다. 중앙은행은 경기 부양 효과와 국제수지 개선 효과를 얻을 수 있도록 충분한 평가절하를 단행함과 동시에 통화 보유 수익률을 매력적인 수준으로 끌어올리기에 충분한 긴축 정책을 실시하는 것을 정책 목

• 신용 상품의 형태로 통화를 보유할지 결정할 때 국내외 투자자들의 투자 목적이 서로 다르다. 국내 투자자는 금리 대비 인플레이션율을 고려한다. 인플레이션이 금리보다 높을 경우, 신용 상품이 이러한 차이를 보상하지 못하면 국내 투자자는 신용 상품을 팔고 인플레이션을 헤지할 수 있는 자산을 사려고 할 것이다 (반대의 경우도 마찬가지다). 반면에 외국인 투자자는 금리 변동 대비 환율 변동률만 따질 것이다. 따라서 국제수지 안정화가 목표인 정책 입안자에게 인플레이션은 부차적인 문제이고, 자국 통화 예금에 양의 기대 수익을 보장하는 것이 우선 과제이다. 통화 가치를 충분히 낮춰야 적정 금리를 적용받으며 양의 수익을 낼 수 있다.

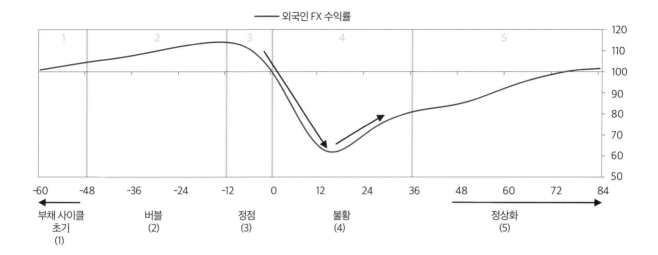

표로 삼아야 한다. 90쪽 상단 도표에서 볼 수 있듯이 외국인의 현지 통화 보유 수익률은 음의 값으로 시작하지만, 통화 평가절하 이후 약 1년이 지나면 수익률이 반등한다.

국가 경제 전체가 부채의 한계점에 도달한 것은 아닐지라도, 특정 경제 주체들이 이미 한계점에 도달하는 경우가 종종 있다. 그럴 경우 정책 입안자는 정책의 목표를 악성 부채 관리에 두고 시스템적으로 중요한 금융기관의 자본 구조를 재편하고 유동성을 공급해야 한다. (주로 화폐 찍어내기를 통해) 필요에 따라 목표를 갖고 유동성을 공급하면, 시스템적으로 중요한 금융기관들은 경기 위축적 성격이 있어 추가적인 자본 이탈 사태를 낳을 수 있는 부채 위기를 피할 수 있다. 하지만 화폐 찍어내기는 인플레이션 세력에 속하는 정책 수단이므로, 인플레이션 세력이 지나치게 강해지지 않도록 균형적 시각으로 접근할 필요가 있다.

국가 경제가 바닥을 찍었을 때 주로 발생하는 현상은 다음과 같다.

- 수입이 큰 폭으로 감소하면서 경상수지가 크게 개선된다. 경상수지 개선 폭은 평균적으로 GDP의 약 8%에 달한다.
- 자본 유입이 감소하지 않고 안정적으로 이어진다.
- 자본 도피가 줄어든다.
- 외환 보유고가 부족한 경우, IMF나 다른 국제기구에 안정적으로 자금을 지원받기도 한다.
- 약 1년 후 단기 금리가 하락하는 반면, 장기 금리는 상대적으로 높은 수준을 유지한다. 정점을 찍은 후 약

2년 후에 단기 금리는 위기 이전 수준으로 돌아간다. 단기 금리가 하락하면서 경기 부양 효과가 나타난다.

- 금리가 내려가면 선물환 가격이 현물환에 비해 상대적으로 반등한다.
- 환율이 안정을 되찾으면서 인플레이션도 감소한다. 경기가 바닥을 찍고 난 후, 인플레이션이 위기 이전 수준으로 돌아가기까지 거의 2년이 걸린다.

물론 위에 언급한 수치는 모두 평균값이고, 실제 값은 국가별 상황에 따라 달라진다. 국가별 차이는 다음 장에서 살펴볼 것이다.

국내 경제 여건이 대대적이고 고통스럽게 하강한 덕에 소비와 수입이 감소하면서 결국 국제수지가 개선되는 효과도 나타난다. 경제 성장률이 추락하면서 수입과 주식시장의 감소세가 지속되어, 결국 수입은 평균 10%

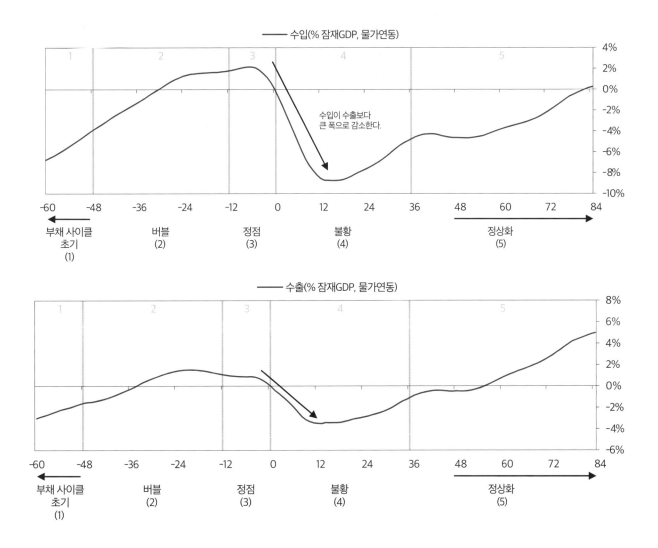

정도 감소하고, 주식시장은 50% 이상 폭락하게 된다. 일반적으로 수입이 대폭 감소하면 GDP 대비 6%에 달하던 경상수지 적자가 GDP 대비 2% 규모의 흑자로 돌아서는데, 이는 위기가 발생한 지 약 18개월 만에 일어나는 일이다. 부채 위기 초반에 수출은 그다지 타격을 받지 않지만, 불황이 정점에 이르면 다른 국가들 역시 경기 둔화세를 보이므로 수출이 감소하는 경향이 있다. 그 후 수년에 걸쳐 수출이 반등한다.

다음 표는 적절하게 대응한 경우와 그렇지 못한 경우를 정리한 것이다.

	적절한 대응	잘못된 대응
통화 관리	• 정책 입안자가 통화 약세를 좌시하지 않겠다며 엄포를 놓는다. 실제로 통화를 예고 없이 평가절하하여 시장에 충격을 안긴다. • 평가절하 폭이 충분히 클 경우, 추가적인 통화 약세는 없을 것이라는 기대 심리가 널리 퍼지고 매수와 매도가 원활하게 진행된다.	• 정책 입안자가 통화 약세를 허용할 것이라는 기대 심리가 시장에 만연하다. 이는 통화 하락을 부추기고 금리 인상을 초래한다. • 초반의 평가절하 폭이 좁았던 탓에 통화 가치가 추가로 하락해야 한다. 시장에서 이러한 평가절하가 예상되면 금리가 올라가고 인플레이션의 기대 심리도 커진다.
외부 불균형 해소	• 통화 긴축 정책의 영향으로 소득이 감소하고 국내 수요도 위축된다. • 정책 입안자는 통화 평가절하 위험에 대한 보상으로 전보다 높은 금리를 제시하여 투자자들이 통화를 계속 보유하도록 유도한다.	• 정책 입안자가 내수 경기를 우선시하면서 지나치게 느슨한 통화 정책을 시행한다. 이러한 완화 정책은 고통을 뒤로 미루고 인플레이션을 부추길 뿐이다. • 정책 입안자는 자본 유출을 막기 위해 자본 통제 같은 제한적인 조치를 도입한다.
경기 연착륙 유도	• 외환 보유고를 현명하게 활용하여 외국 자본의 유출을 완화하고 자본 흐름의 불균형을 개선한다.	• 높은 소비 수준을 유지하기 위해 계속해서 외환 보유고를 쏟아붓는다.
악성 부채와 채무 불이행 관리	• 부채 비율이 과도한 기관들의 부채를 관리하고, 신용을 공급해 불균형을 해결한다.	• 채무 불이행이 아무 조치 없이 무질서하게 일어나면서 시장에 불확실성이 더해지면서 자본 도피가 늘어난다.

일반적으로 경기가 회복되는 데에는 수년이 걸린다. 자본 유입이 전처럼 다시 활발해지려면 오랜 시간이 걸리는데, 이는 지난 부채 사이클 때 큰 손해를 본 투자자들이 시장으로 들어오려 하지 않기 때문이다. 그렇지만 국내 재화 가격과 임금이 현지 통화 가치와 함께 하락한 덕분에 외국인 투자자들에게 매력적인 투자처로 인식되어 다시 자본이 유입되기 시작한다. 수출과 외국인 직접 투자가 늘어나면서 경기는 다시 활기를 찾는다. 정책 입안자가 시스템적으로 중요한 금융기관들을 보호하고 이들의 자본 구조를 개편한다면 국내 금융시장의 자금줄이 재기능을 하며 경제 회복에 기여하게 된다. 이제 경기는 부채 사이클의 초기 국면으로 돌아가 새로운 선순환을 일으킨다. 생산적인 투자 기회를 잡기 위해 몰려든 자본이 경제 성장과 자산 가격 상승을 견인하

고, 이는 또다시 더 많은 자본 유입으로 이어진다.

- 약 1~2년이 지나면 소득과 소비가 증가하기 시작한다.

- 경제 활동이 바닥을 찍고 평균 수준을 되찾기까지 약 3년이 걸린다.

- 시장이 안정을 찾기 시작할 때 실질환율은 구매력 평가 기준으로 약 10% 저평가되고, 저렴한 수준으로 유지된다.

- 수출이 GDP 대비 1~2% 회복된다.

- 평균적으로 4~5년이 지나고 나서야 자본이 다시 유입되기 시작한다. 외화로 환산한 주식 가격이 예전 수준을 회복하려면 역시 비슷한 시간이 소요된다.

일시적인 인플레이션 불황에서 하이퍼인플레이션으로의 전이

일시적인 국제수지 위기 같은 경우에는 대체로 정책 입안자의 정책 설계를 통해 경제가 회복되어 소비와 소득이 늘고, 금리가 평상시 수준으로 회복될 수 있다. 하지만 인플레이션형 불황이 하이퍼인플레이션으로 전이되는 경우도 있다. 하이퍼인플레이션은 재화와 서비스 가격이 매년 2배 이상 오를 만큼 극단적으로 치솟는 인플레이션과 함께 극심한 부의 손실을 포함한 심각한 경제적 고통이 동반된다. 이러한 현상은 생각보다 흔히 일어나므로 인플레이션형 불황이 어떻게 하이퍼인플레이션으로 전이되는지 차근차근 분석해볼 필요가 있다.

하이퍼인플레이션에 빠진 불황 사례들의 주요한 특징은 정책 입안자가 대외 소득과 대외 지출, 부채 상환 사이의 불균형을 바로잡지 않은 채 계속해서 돈을 찍어내는 방식으로 대외 지출을 위한 자금을 제공한다는 점이다. 화폐 찍어내기가 비자발적으로 일어나는 경우도 있고, 자발적으로 일어나는 경우도 있다. 비자발적으로 일어난 예는 독일 바이마르 공화국이다. 실제로 독일 바이마르 공화국이 대외적으로 부담해야 했던 채무는 실로 어마어마한 규모였다. 그리고 대부분이 반드시 상환해야만 하는 전쟁 배상금이었다. 국외로 유출되어야 하는 자본의 양이 엄청났기 때문에 바이마르 공화국이 심각한 인플레이션 문제에 직면할 것은 불 보듯 뻔한 일이었다(자세한 내용은 사례 연구에서 다룰 것이다).

반면 정책 입안자가 자발적으로 화폐를 찍어내어 대외 지출을 가능하게 하는 경우도 있다. 사실상 소득에 맞게 소비를 조절하는 대신 돈을 찍어내어 경제 성장을 떠받치려는 경우이다. 화폐 찍어내기가 수년간 대규모로 반복될 경우 피할 수도 있었던 하이퍼인플레이션을 맞닥뜨릴 가능성도 있다.

앞서 언급했듯이 경제 위기에 직면했을 때 화폐 찍어내기를 중단하기란 생각보다 쉽지 않다. 자본이 유출될 때 화폐 찍어내기를 멈추면 유동성이 대폭 줄어들고 심각한 경기 위축을 초래할 수도 있다. 위기 기간이 길어질수록 화폐 찍어내기를 멈추기는 더욱 어려워진다. 실제로 독일 바이마르 공화국에서는 말 그대로 현금 부족

사태가 벌어졌다. 하이퍼인플레이션이 발생하면서 기존 화폐로 살 수 있는 양이 점점 줄어들었던 것이다(위기의 끝자락이던 1923년 10월 말에 이르면, 1913년 당시 독일에 있는 현금을 전부 긁어 모아도 1kg짜리 호밀 빵 한 덩이를 살 수 있는 정도에 불과했다). 이런 상황에서 화폐 찍어내기를 중단한다는 것은 대체 통화가 등장하지 않는 이상, 시중에 현금이 거의 없어 상업 활동이 사실상 마비되었음을 뜻한다. 경제가 인플레이션에 허덕일 땐 화폐 찍어내기가 올바른 선택처럼 보일 수 있다. 하지만 몇 번이고 계속해서 돈을 찍어내면 인플레이션의 악순환에 빠져 결국에는 걷잡을 수 없게 된다.

하이퍼인플레이션으로는 어떻게 전이되는가

시간이 갈수록 통화 가치가 하락하고 화폐를 찍어내는 횟수가 늘어나면서 사람들의 반응이 달라지기 시작하고, 인플레이션의 심리가 고착화된다. 통화 약세는 자본 도피를 더욱 부추기고, 이러한 흐름은 통화 가치 하락과 인플레이션, 화폐 찍어내기로 이어지는 악순환이 되먹임된다. 결국 사이클 초기에 경제 성장을 견인한 요소들이 하향세를 보이면서 화폐 찍어내기의 효과도 미미해진다.

화폐 찍어내기가 거듭될수록 점차 실물자산이나 외국 자산으로 자금이 흘러 들어간다. 찍어낸 돈이 정작 경제 활성화에 도움이 되는 재화와 서비스를 소비하는 데 사용되지 않는 것이다. 현금 비중을 줄이고 실물자산이나 외국 자산에 투자한 사람들이 국내에서 저축하고 투자하는 사람들보다 계속해서 더 나은 수익을 낸다. 이로써 자국 통화를 보유한 사람들은 인플레이션에 따른 부의 손실에 대비하기 위해 생산적인 자산 대신, 금 같은 실물자산이나 외국 통화에 돈을 투자하기 시작한다. 외국 투자자들은 멀리서 지켜본다. 경제가 취약한 상황에서 투자자들이 실물자산 매입에 열중하자, 주식 가격이 흔들린다. 그리고 앞서 소비를 끌어올린 자산효과도 사그라든다. 결과적으로 통화 가치가 하락해도 경기 부양 효과는 나타나지 않는다. 이러한 현상은 인플레이션 유발형 디레버리징에 중요한 역할을 하므로 좀 더 자세히 살펴보도록 하자.

통화 약세가 계속되면 고질적인 인플레이션을 유발한다. 인플레이션의 심리를 키우고 투자자의 행동까지 바꾸며 자기 강화적으로 이어질 수 있다. 인플레이션 압력이 임금 상승으로 번지며 다시 비용 전가로 이어지므로 **임금과 비용 간 악순환**이 일어나게 된다. 노동자는 줄어든 구매력을 보상받기 위해 더 많은 임금을 요구

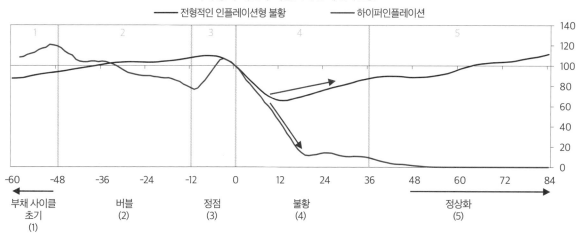

국내 통화 채권 수익률(미국 달러, 물가연동)

전형적인 인플레이션형 불황 　 하이퍼인플레이션

부채 사이클
초기
(1)

버블
(2)

정점
(3)

불황
(4)

정상화
(5)

한다. 임금을 인상해야 하는 생산기업은 가격을 올려 부담을 전가한다. 이러한 변화는 임금지수^{Wage indexing}에 맞추어 자동으로 이루어지기도 한다. 임금지수 계약은 고용주가 임금을 인플레이션에 연동해서 인상하는 데 동의한 계약을 말한다. 임금과 물가가 연동되면서 악순환이 일어난다. 통화 가치가 하락하면서 가격이 상승하고, 화폐 찍어내기로 통화량이 늘어나면서 통화 가치를 떨어뜨리고 다시 가격이 상승하는 것이 반복된다.

통화 가치가 연이어 하락하는 동안, 예금자와 투자자의 행동이 달라진다. 이전에 손해를 본 적이 있는 예금자는 이제 구매력을 보전하기 위해 재빠르게 현금 비중을 줄이고, 외국 자산과 실물자산을 사들인다.

인플레이션 문제가 심각해지면 은행에 돈을 맡긴 예금자는 언제든지 원하는 때 돈을 찾을 수 있기를 바라는 것은 당연하다. 그래서 예금자들은 은행에 돈을 예치하는 기간을 줄인다. 예금은 장기 저축 계좌보다는 단기 당좌예금 계좌에 몰리게 된다. 투자자는 채무 불이행이나 받게 될 돈의 가치가 하락할 위험을 우려해 대출 기간을 줄이거나, 아예 대출을 중단해버린다. 인플레이션 유발형 디레버리징 시기에는 늘 평균 대출 만기가 짧아진다.

높은 인플레이션과 화폐 찍어내기로 실질 금리가 낮아지고, 자본 유출과 단기 대출이 늘어나 금융시장에 유동성이 부족해질 때는 현금을 매도하는 것도 대출 기간이나 예치금을 늘리는 것처럼 경제적인 방법이다. 은행들은 사실상 현금 수요를 맞추지 못한다. 현금이 부족해져 계약을 이행할 수 없게 된 기업들도 어려움을 겪는다. 이런 상황에서 중앙은행은 극단적인 유동성 부족을 방치할지, 아니면 신속하게 화폐를 찍어낼지 중에 양자택일을 해야 한다. 물론 앞서 통화 가치 하락의 이점을 경험한 중앙은행은 또다시 화폐 찍어내기를 선택한다. 은행들을 지원하기 위해 돈을 찍어내고, 때로는 기업에 직접 돈을 빌려주며 시장에 유동성을 공급한다. 금리가 미래 통화 가치 하락을 충분히 보상하지 못하는 상황에서, 유동성을 공급한다는 것은 투자자가 인플레이션에 대비해 계속 돈을 빌려 외국의 실물자산이나 금 등에 투자할 수 있도록 필요한 자금을 건네주는 것이나 다름없다. 결국 이런 식의 유동성 공급은 인플레이션과 통화 가치 하락의 악순환을 심화시킬 뿐이다.

국가 부채의 상당 부분이 외화 부채이기 때문에 통화 가치가 하락하면 부채 부담이 증가한다. 따라서 소비를 줄이고 자산을 매각해야 한다. 처음에는 통화 약세에 따른 경기 부양 효과로 이러한 부정적인 영향을 봉쇄했을지 몰라도, 점차 경기 부양 효과가 미미해지고 부채 부담이 늘어나면 상황은 매우 암울해진다. 이렇게 부채 부담이 커지면 외국인 투자자들은 늘어난 채무 불이행 위험에 대한 보상으로 더 높은 금리를 요구할 것이다. 따라서 통화 가치 하락과 인플레이션으로 부채 원리금 상환 부담이 커지며, 통화를 이용해 경기를 부양하기는 훨씬 더 어려워진다.

많은 정부가 늘어나는 부채 부담을 해결하기 위해 소득세와 부유세를 인상한다. 경기 불황과 투자 실패의 영향으로 이미 순자산이 줄어든 상태에서 부자들은 빠르게 줄어드는 재산을 어떻게든 보전하려고 필사적으로 노력한다. 이때 증세를 하면 탈세 비율이 매우 높아질 뿐만 아니라, 국외로 빠져나가는 자본 도피도 증가한다. 이는 디레버리징 과정에서 전형적으로 일어나는 현상이다.

경제 성장 위축이 심화되면 외국 금융기관들은 신규 대출을 중단하는데, 이는 신용 창출의 중요한 원천을 틀어막는 셈이다. 국내에서 신용 창출과 대출이 활발하게 이뤄지더라도 대출의 상당 금액이 외국 자산을 매입하는 데 사용되기 때문에 국내 경제 성장을 촉진하지 못한다. 국내 소비 지출도 GDP에 큰 영향을 주지 못한다. 예를 들어, 투자자들은 부의 저장 수단으로 금, 공장, 수입품 등을 매입한다(바이마르 공화국의 투자자들은 바위를 사들이기도 했다!). 당장 필요하지 않더라도 가치 저장 수단으로써 기계와 장비에 자본을 투자하는 것이다.

이런 움직임으로 인해 인플레이션과 통화 가치의 하락이 서로를 되먹임하며 증폭되는 메커니즘이 만들어지는 것을 쉽게 볼 수 있다. 이런 되먹임 메커니즘은 심화되고, 결국 사람들은 통화에 대한 신뢰를 완전히 상실하는 비극을 맞는다. 돈이 가치 저장 수단으로써 제 역할을 하지 못하면, 사람들은 당장 생활하는 데 필요한 금액만 보유한다. 지폐 표시에 '0'이 늘어나면서 화폐 단위로도 쓸 수 없게 된다. 통화 가치가 불안정하면 기업들은 제품을 팔 때 자국 통화를 받기 꺼리고, 대신 외국 통화로 받기를 원하거나 물물 교환을 요구하기도 한다. 돈이 교환의 매개체로 기능하지 못하는 것이다. 외화가 부족해지면 유동성 위기로 치닫게 되고, 수요는 곤두

박질친다. 이러한 형태의 유동성 부족은 화폐 찍어내기로는 완화될 수 없다. 상점들은 문을 닫고 실업률은 증가한다. 경기가 하이퍼인플레이션 국면에 진입하면, 한때 이익을 안겨주었던 통화 가치 하락은 이제 혼란을 불러오고 경제는 급속도로 얼어붙는다.

하이퍼인플레이션은 경기 침체를 일으키는 것도 모자라 금융자산을 쓸어버린다. 금융자산의 가치가 통화 가치 하락과 인플레이션의 속도를 쫓아가지 못하기 때문이다. 하이퍼인플레이션은 극단적인 부의 재분배도 일으킨다. 채권자는 물가가 폭등하면서 부의 가치가 폭락하고, 채무자의 부채가 휴지 조각으로 전락하는 과정을 목격하게 된다. 경기 침체와 극단적인 부의 재분배, 금융 혼란은 정치적 긴장과 충돌을 조장한다. 종종 경찰을 비롯한 공무원들이 가치가 없어진 지폐를 받으며 일할 수는 없다고 파업에 나선다. 이 시기에는 사회에 무질서, 범죄, 절도, 폭력이 최고조에 달한다. 독일 바이마르 공화국 시절, 정부는 무질서에 맞서기 위해 '계엄령'을 선포했다. 이로써 행정 권한뿐만 아니라 체포권, 시위 진입권 등 사법권까지 군에 넘겨줘야 했다.

하이퍼인플레이션 국면에 적합한 기본적인 투자 원칙을 몇 가지 정리하면 다음과 같다. 우선 자국 통화를 매각하고, 모든 수단을 동원하여 국외로 돈을 반출한다. 금, 석탄, 금속 등 원자재를 매입하고, 원자재 산업에 투자한다. 주식 매입 전략은 엇갈린 결과를 낳을 수 있다. 하지만 인플레이션이 하이퍼인플레이션으로 전이되는 과정에서 주식시장에 투자하면 대체로 손해를 보게 된다. 환율과 주가 사이에 나타나던 높은 상관관계는 사라지고, 이제 주가와 환율 사이에 괴리가 커진다. 이 시기에는 금이 선호 자산으로 떠오른다. 현지 통화 기준으로 주가가 상승하더라도 주식은 재앙으로 여겨지고 채권은 휴지 조각이 된다.

일단 인플레이션 유발형 디레버리징이 하이퍼인플레이션으로 전이되면 통화는 가치 저장 수단으로써의 지위를 결코 되찾을 수 없게 된다. 인플레이션 유발형 디레버리징을 끝낼 방법은 기존 통화를 단계적으로 폐지하고, 가치가 제대로 담보되는 새로운 통화를 도입하는 것이다.

전쟁 경제

전쟁 경제는 생산과 소비가 일어나고 재화와 서비스, 금융자산을 계산하는 방식에서 일반 경제와 전혀 다른 양상을 보인다. 예를 들어, 전쟁으로 파괴된 무기를 추가로 생산하면서 GDP가 증가하고, 군 복무자가 늘어나면서 실업률이 감소한다. 그리고 자원 배분이 국가 차원에서 상의하달식Top-down으로 이뤄지면서 생산과 수익성에 변화가 생긴다. 대출과 자본 흐름도 평상시와 다르게 전개되므로, 전쟁 시기의 통계는 전혀 다른 방식으로 접근해야 한다. 전쟁 경제의 작동 원리를 제대로 논하려면 책 한 권 분량에 달할 만큼 방대하기 때문에 이 책에서는 깊이 파고들지 않을 것이다. 하지만 전쟁 경제를 빼놓고는 이 책에서 다루는 역사 속 대형 부채 위기를 제대로 이해할 수 없다. 때문에 전쟁 경제의 개념을 간단히 살펴보려 한다. 향후 또 다른 전쟁이 발생한다면 전쟁 경제에 대한 이해가 더욱 중요해질 것이다.

경제적 갈등으로 빚어진 경제–지정학 사이클이 신흥 강대국과 기존 강대국의 군사 갈등으로 이어진다는 점은 역사를 공부한 사람이라면 누구나 이해할 것이다. 역사학자들은 경제와 시장 관점보다는 지정학적 관점에서 바라본다는 차이가 있지만, 대체로 같은 의견이 주를 이룬다. 전쟁에 관한 학자들의 주장은 다음과 같이 요약할 수 있다.

1) 부자, 자본가, 정치적 우파 그리고 빈자, 프롤레타리아, 정치적 좌파 사이에 발생하는 국내 경제적 갈등을 발판 삼아 포퓰리즘과 독재, 국수주의와 군국주의를 내세운 지도자들이 권력을 잡는다.
2) 경제적·군사적으로 비슷한 강대국 사이에 갈등이 발생하고, 양국의 경제와 정치가 매우 복잡하게 얽히면서 전쟁 같은 극단적 분열이 일어날 확률이 높아진다.

경제적으로 경쟁 관계에 있는 국가들은 강대국 지위를 확고히 하기 위해 분쟁을 벌인다. 이러한 시기에 전쟁 경제가 등장하고, 이후 양국의 시장과 경제, 정치는 전쟁의 파급 효과를 경험한다. 전쟁의 진행 과정과 결과는 각국의 통화, 채권, 주식, 경제의 가치를 좌우하고, 무엇보다도 사회와 경제의 전반적인 구조에 커다란 영향을 미친다. 거시적인 관점에서 본다면 전쟁이 끝나고 평화의 시기가 찾아오지만, 사실상 강대국이 규칙을 정하고 나머지 국가는 이를 순순히 따를 수밖에 없다. 이러한 상태는 다른 경쟁국이 등장하여 새로운 사이클이 시작될 때까지 유지된다.

대형 경제−지정학 사이클은 강대국과 준비통화의 패권과 몰락을 이끈다. 이러한 사이클을 파악하려면 약 250년에 달하는 긴 주기를 살펴봐야 하는데, 여기에서는 이 내용을 간단히 다루고 향후 다른 보고서에서 더 자세히 논하려 한다.

대개 경제적으로 경쟁을 벌이는 시기에는 국가 간 감정이 격해진다. 이때 대중의 인기를 얻기 위해 상대국을 적으로 규정하며 선동을 일삼는 지도자가 선출되거나 권력을 쥐게 되면서 전쟁이 발발하기도 한다. 하지만 경쟁이 늘 전쟁으로 이어지는 것은 아니다. 역사적으로 국가 관계는 크게 두 가지 종류로 나뉘며, 양국이 어떤 관계를 맺는가에 따라 전혀 다른 결과를 낳을 수 있다. 두 가지 국가 관계는 다음과 같다.

1) **협력적 경쟁 관계**: 양국은 각국에 정말 중요한 것이 무엇인지 고려해서 서로 원하는 것을 주고받는다. 이것은 모두 이득을 보는 관계로, 양국은 종종 협상에 난항을 겪더라도 친절한 상인이나 친선 경기에 나선 선수처럼 서로 존중하고 배려하며 문제를 해결한다.

2) **상호 간 위협 관계**: 양국은 각국에 타격을 입힐 방법을 고민한다. 상대국을 굴복시키기 위해 공포를 조장하며 괴로운 싸움을 벌인다. 이것은 모두 손해를 보는 관계로, 양국은 '협상' 대신 '전쟁'으로 상호 작용한다.

상대국에 두 번째 방식(모두 손해를 보게 될 전쟁)을 선택하도록 강요하고 싶다면, 먼저 그 길을 선택하면 된다. 반면 모두 이득을 보기를 원한다면, 양측이 함께 협력하면 된다. 결국 양측이 똑같은 접근법을 따를 수밖에 없는 것이다.

어느 접근법을 채택하든, 모든 국가는 내심 상대의 국력을 신경 쓰기 마련이다. 첫 번째 방법을 선택할 경우, 각국은 상대국의 요구를 이해하고 지나치게 강요하지 말아야 한다. 그리고 서로 원하는 것을 교환한다는 점에

만족해야 한다. 반면 두 번째 방법을 선택할 경우, 상대국에 충격을 안길 뿐 아니라 고통을 견딜 수 있는 능력을 갖추는 게 중요하다. 그리고 이것이 국력을 정의한다는 사실을 알아야 한다. 하지만 두 번째 방법은 검증되지 않은 요소가 많은 데다, 전쟁으로 얻는 보상과 치러야 할 대가가 어느 정도인지 정확히 가늠할 수 없다. 그러므로 첫 번째 방법을 선택하는 것이 안전하다. 그러나 두 번째 방법은 상황을 명확하게 정리해줄 것이다. 각국은 전쟁의 지옥을 경험하면서 어느 국가가 우위를 차지하고, 어느 국가가 굴종해야 하는지 알게 된다. 덕분에 전쟁이 끝나고 지배국이 규칙을 정하면 나머지 국가는 이를 받아들이게 되며, 새로운 사이클이 다시 일어나기 전까지 한동안 평화의 시기가 유지된다.

전쟁 시기의 경제 정책은 금융 자원과 비금융 자원에 대한 접근성을 유지하여 필요한 전쟁 물자를 계속 지원하는 데 주안점을 두어야 한다. 평상적인 소득으로 전쟁 자금을 대야 하기 때문에 전쟁과 관련없는 지출까지 감당할 수 있는 나라는 없다. 그러므로 국가는 자금을 빌리거나, 외환 보유고를 넉넉하게 보유해야 한다. 대출 능력은 각국의 신용도와 자본시장의 발전 수준에 달려 있다. 특히 자국 통화로 거래되는 부채시장의 건전성이 대출 가용성을 좌우한다. 마찬가지로 전쟁 시기에는 주요 비금융 자원에 대한 접근성을 유지하는 게 중요하다. 전쟁 물자를 지원하고 국내 경제 상황을 양호한 수준으로 유지하려면 비금융 자원이 필요하기 때문이다.

전쟁이 끝나고 부채 상환이 시작될 때, 전쟁의 승패가 부채와 시장에 미치는 영향은 엄청나다. 전쟁에 패해 국가가 막대한 빚을 지는 것만큼 최악의 참사도 없을 것이다. 이것만은 반드시 피해야 한다. 제1차 세계대전 이후 1920년대 독일(파트 2에서 다룰 예정이다), 제2차 세계대전 이후 1940년대와 1950년대 독일과 일본에서 벌어진 사태가 대표적인 예이다.

뒷장의 도표들은 전쟁 시기에 정부가 국가 경제를 군수품 생산체제로 전환하고, 많은 자금을 빌려 대규모 재정 적자를 메우고, 노동 인력을 군대와 군수품 생산에 투입하여 일어난 전형적인 경제 변동을 나타낸다.

첫 번째 도표는 민간 지출 대비 급격하게 증가한 정부 지출을 보여준다. 이후 다음 도표들은 지난 여러 전쟁 사례에서 공통적으로 증가한 군사비와 군사 수를 평균 내어 작성한 것으로, 군사비와 인구 대비 병력 비율이 약 5배나 증가했음을 보여준다. 실제로 제2차 세계대전이 진행되는 동안, 미국에서는 노동 인구의 20%가 군

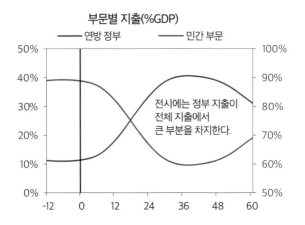

부문별 지출(%GDP)

전시에는 정부 지출이
전체 지출에서
큰 부분을 차지한다.

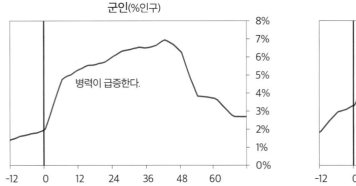

군인(%인구)

병력이 급증한다.

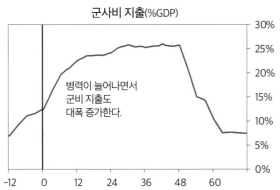

군사비 지출(%GDP)

병력이 늘어나면서
군비 지출도
대폭 증가한다.

에 입대했다.

　주요 전쟁이 끝난 후, 승전국과 패전국 가릴 것 없이 모든 국가가 부채를 떠안으면서 각국은 전쟁 경제체제
를 다시 정상으로 되돌릴 필요성을 절감하게 된다. 정부가 군비 지출을 대폭 삭감하면 경제는 전후 경기 침체
Postwar recession로 돌입한다. 공장들이 재정비되고, 앞서 전쟁에 동원된 많은 사람은 새로운 일자리를 구해야
한다. 각국은 디레버리징 단계에 들어서는데, 이때 일반적인 불황과 디레버리징 국면에서 나타나는 기본적인
과정을 똑같이 거치며 대규모 전쟁 부채를 해결한다. 하지만 패전국은 최악의 경제 상황을 마주한다. 다음 도
표들은 이러한 전후 경제 상황을 나타낸다. 패전국은 극심한 불황을 겪으면서 화폐 찍어내기에 크게 의존하
고, 상당한 규모의 예금과 외환 보유고를 쏟아붓는다. 이때 높은 인플레이션도 모자라 하이퍼인플레이션을 경
험하는 국가도 있다.

　전쟁 경제에 관한 내용은 이쯤에서 마무리하려 한다. 더 자세한 내용은 파트 2에서 독일 바이마르 공화국과

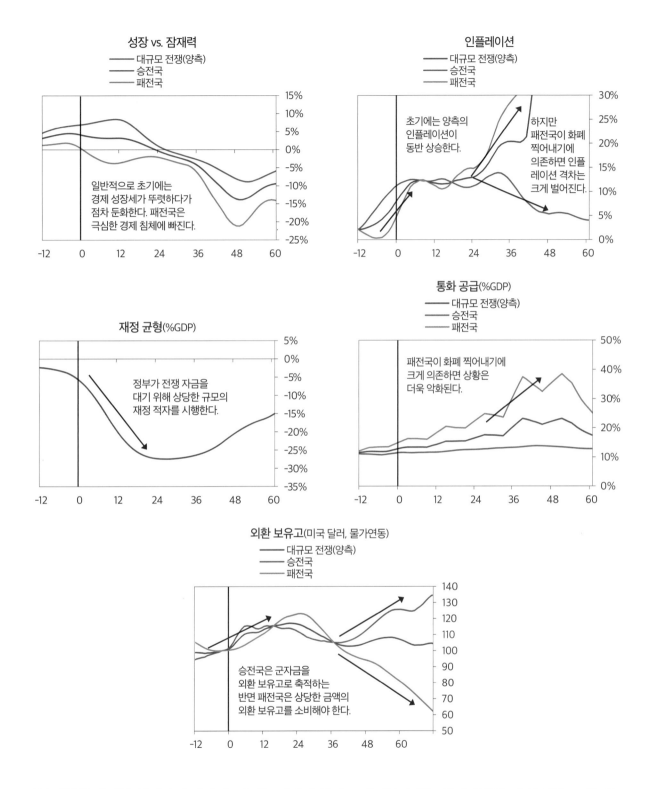

성장 vs. 잠재력

— 대규모 전쟁(양측)
— 승전국
— 패전국

일반적으로 초기에는 경제 성장세가 뚜렷하다가 점차 둔화한다. 패전국은 극심한 경제 침체에 빠진다.

인플레이션

— 대규모 전쟁(양측)
— 승전국
— 패전국

초기에는 양측의 인플레이션이 동반 상승한다.

하지만 패전국이 화폐 찍어내기에 의존하면 인플레이션 격차는 크게 벌어진다.

재정 균형(%GDP)

정부가 전쟁 자금을 대기 위해 상당한 규모의 재정 적자를 시행한다.

통화 공급(%GDP)

— 대규모 전쟁(양측)
— 승전국
— 패전국

패전국이 화폐 찍어내기에 크게 의존하면 상황은 더욱 악화된다.

외환 보유고(미국 달러, 물가연동)

— 대규모 전쟁(양측)
— 승전국
— 패전국

승전국은 군자금을 외환 보유고로 축적하는 반면 패전국은 상당한 금액의 외환 보유고를 소비해야 한다.

미국 대공황 사례를 읽어보길 바란다. 전자는 전쟁이 끝나고 패전국이 겪는 경제 상황을 잘 보여주고, 후자는 경제 갈등이 어떻게 일련의 사건을 촉발하여 전쟁으로 이끄는지 설명한다. 제2차 세계대전 이후 승전국인 미국과 영국의 경제 상황을 담은 도표들도 좋은 참고 자료가 될 것이다. 반면 독일과 일본을 비롯한 제2차 세계 대전 패전국들의 통화와 시장 변동, 경제 지표는 매우 충격적이어서 당시 통계가 믿기지 않을 만큼 터무니없거나 아예 국가 차원에서 제공되지 않았기 때문에 이 책에서는 패전국들의 도표를 싣지 않았다.

요약

부채 위기에 관한 나의 관점을 재차 강조하자면, 부채 위기 관리는 악성 부채로 인한 고통을 분산시키는 일이다. 그리고 자국 통화로 표시된 부채라면 거의 모든 위기를 수월하게 관리할 수 있다. 가장 큰 위험은 부채 그 자체가 아니라 정책 입안자가 충분한 지식과 권한이 없어 제대로 위기에 대응하지 못하는 것이다. 하지만 외국 통화로 표시된 부채라면 상황을 통제할 적절한 수단을 찾기는 더욱 힘들어지고, 결과는 더욱 고통스러워질 것이다.

지난 경험으로 볼 때, 정책 입안자의 이해도와 권한은 국가마다 큰 차이를 보이므로, 정책 결과 역시 극적으로 달라질 수 있다. 정책 입안자는 위기가 극에 달할 때까지 강력하게 대응하지 않는 경향이 있다. 국가의 제도가 얼마나 강력하고, 권력에 대한 견제와 균형체계가 얼마나 확고한가에 따라 정책 권한이 달라진다. 이러한 체계가 강력하게 자리 잡은 국가에서는 많은 장점이 있지만, 기존의 엄격한 규칙이나 합의, 위기 대응 정책이 상반되어 필요한 조치를 제때 취하지 못할 위험도 있다.

정책 입안자가 아무리 해박한 지식과 충분한 권한을 지니고 있어도 위기를 완벽하게 관리할 수는 없다. 그러므로 모든 가능성을 고려해서 제도를 만드는 것은 사실상 불가능하다. 예기치 못한 상황이 발생했을 때, 정책 입안자는 법과 규제가 명확하게 마련되지 않은 상태에서 때로는 몇 시간 이내에 즉각적으로 대처해야 하기 때문이다.

견제와 균형체계는 과도한 권력의 집중을 막는 중요한 수단이지만, 의사결정을 늦추고 편협한 이익을 추구하는 세력에 중대한 정책의 시행을 저지할 길을 열어준다는 점에서 위기를 악화시키는 요인이 될 수도 있다. 필요한 정책을 대담하게 밀고 나가는 정책 입안자는 사방에서 맹비난을 받기 쉽다. 부채 위기가 진행되는 동안, 정계는 혼란에 빠지고 왜곡된 사실이나 노골적인 표현이 담긴 잘못된 정보가 사회 전반에 퍼진다.

대형 부채 위기는 중·단기적(3~10년)으로 일부 사람들과 국가에 큰 충격을 안길 수 있지만, 장기적으로는 생산성 문제가 훨씬 중요하다. 생산성은 변동성이 덜해 눈에 잘 띄지 않지만, 경제 전반에 막대한 영향을 줄 수 있다. 부채 위기가 낳은 정치적 대가(예를 들어, 포퓰리즘의 부상)는 단순한 부채 위기를 넘어 엄청난 파장을 몰고 올 수 있다.

다음 도표들은 1인당 실질 GDP의 추세를 나타낸 것으로, 경기 침체기의 소형 부채 위기와 대형 부채 위기가 함께 표시되어 있다. 실질 GDP가 3% 이상 감소한 시기는 음영으로 구분했다. 그동안 경제가 여러 번 난관에 부딪혔으나, 성장률 추세가 계속 이어졌다는 점에 주목해야 한다. 경제 성장을 가로막은 가장 커다란 장애물은 최악의 경제 불황이 아니라 전쟁이다(불황으로 빚어진 정치적 파국이 전쟁의 불씨가 되었다는 주장이 나올 수도 있지만 말이다).

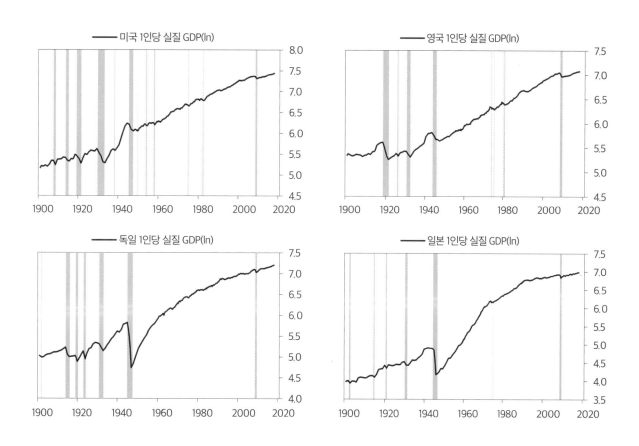

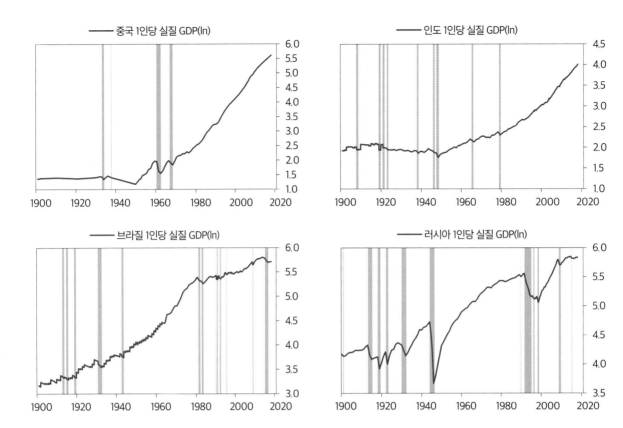

옮긴이 **송이루**

호주 맥쿼리대학교 금융경제학과와 연세대학교 대학원 경제학과를 졸업했다. 외국계 은행과 증권사를 거쳐 영어 강사가 되었다. 바른번역 글밥 아카데미를 수료한 후 현재 번역가와 리뷰어로 활동하고 있다. 옮긴 책으로는 《속마음을 꿰뚫어 보는 기술》이 있다.

옮긴이 **이종호**

서강대학교 경제학과를 졸업하고 국제금융, 해외 자본 유치, 해외 IR업무를 담당하며 직장 생활을 하였다. 현재는 독일에서 자동차업계에 몸담고 있으며 번역가 모임인 바른번역의 회원으로도 활동하고 있다. 역서로는 《모든 악마가 여기에 있다》《또래압력은 어떻게 세상을 치유하는가》 등이 있다.

옮긴이 **임경은**

부산대학교 경제학 학사 및 서강대학교 경제대학원을 석사 졸업하였다. 오랫동안 공직에 종사하다가 현재 바른번역 소속 번역가로 활동하고 있다. 역서로는 《2019 세계 경제 대전망(공역)》이 있다.